Christian Bartel

ICH BIN NICHT IN MEINEM ALTER!

Christian Bartel

wurde 1975 in Bonn geboren und arbeitet als freier Autor.

Er war Mitherausgeber der Literaturzeitschrift »Exot« und Mitorganisator des Kölner Off-Lesefestes »Little Cologne«. 2005 wurde er deutscher Poetry-Slam-Vizemeister, 2014 lud ihn der Deutsche Akademische Austauschdienst (DAAD) als Writer in Residence an die Universitäten Edinburgh, St. Andrews und Newcastle. Bartel ist Mitglied der Lesebühnen *Rock 'n' Read* (Köln) und *Ferkel im Wind* (Bonn), schreibt komische Geschichten und erhielt dafür 2018 den renommierten Ben-Witter-Preis.

Er veröffentlichte zwei Geschichtenbände, u. a. bei Satyr, einen »Zivildienstroman« und ein unsachliches Sachbuch über das Rheinland. Daneben verdingt er sich als freier Redakteur der taz-Wahrheit, schreibt Bühnenstücke und verfasst Radiogeschichten für Kinder (»Ohrenbär«, »ARD-Kinderradionacht«) und Erwachsene (»Schreckmümpfeli«, SRF).

Christian Bartel lebt mal auf dieser, mal auf jener Rheinseite, aber noch immer häufig in Bonn.

»Wegen Christian Bartel und seinen Texten ist Bonn für mich immer die Hauptstadt geblieben!« Bernd Gieseking

Christian Bartel

ICH BIN NICHT IN MEINEM ALTER!

SATYR VERLAG

GESCHICHTEN

3. Auflage März 2025

Auerstr. 23–35, 10249 Berlin
www.satyr-verlag.de | info@satyr-verlag.de

Cover: Jussi Jääskeläinen | www.kobaia-design.com
Korrektorat: Matthias Höhne
Autorenfoto: Kristian Wiegand
Druck und Bindung: Rudolph Duck GmbH & Co KG, Schweinfurt
Printed in Germany

Die Deutsche Nationalbibliothek verzeichnet diese Publikation in der Deutschen Nationalbibliografie; detaillierte bibliografische Daten sind im Internet abrufbar über: http://dnb.d-nb.de

Die Marke »Satyr Verlag« ist eingetragen auf den Verlagsgründer Peter Maassen.

ISBN: 978-3-947106-74-5

Inhalt

I. Sternstunden der Frühvergreisung

II. Die Bartel-Apokryphen

I.

STERNSTUNDEN DER FRÜHVERGREISUNG

Sport hilft

Der Arzt sagt, ich soll Sport treiben.

»Aber ich treibe doch Sport«, antworte ich.

»Na sicher«, sagt der Arzt. »Das sieht man.«

Mein Arzt ist um die fünfzig, auch im Winter braun gebrannt und hat kein Gramm Fett am Körper, dafür unzählige Marathontrophäen in einer Vitrine im Behandlungszimmer, mit denen er uns Todgeweihte verhöhnt. Und so ein Genlotteriegewinner will nun Ahnung von Siechtum und Verfall haben?

Sport soll ich also treiben, findet der Medikus.

Ich schaue ihn traurig an, greife dann in das Glas mit den Bonbons für die ganz tapferen Kinder, das auf seinem Schreibtisch steht, und stopfe mir demonstrativ eine ganze Handvoll in den Mund, ohne den Blick von ihm abzuwenden. Er schüttelt den Kopf.

»Das sind keine Bonbons«, sagt er. »Wir sind hier nicht beim Kinderarzt.«

Ich spucke die Kieselsteine aus. Ich hatte mich gleich gewundert, dass da ein Kaktus im Bonbonglas wächst.

»Wenn Sie sagen, dass Sie Sport treiben, dann glaub ich Ihnen das natürlich«, sagt er, dann schaut er skeptisch auf meine Körpermitte. »Gibt ja auch Trinksport, ne?«, kichert er.

Mein Arzt findet so was lustig.

Er ist nämlich nicht bloß unsensibel, er hat auch ein Ironieproblem. Er versteht einfach nicht, dass dieses Stilmittel in seinem Beruf vollkommen fehl am Platz ist. Ich zeige auf meinen Bauch. Nicht der Plauze wegen, die einer verschärften Leibesertüchtigung in die Bresche wächst, sondern weil ich dort wichtige Informationen für meinen Arzt notiert habe.

»Empathie statt Ironie!« steht auf meinem T-Shirt, darunter habe ich noch eins an, auf dem »Der Patient hat immer recht« steht, und auf meinen Rücken ist sicherheitshalber der hippokratische Eid tätowiert, falls ich mich obenrum frei machen muss.

Dabei bin ich gar nicht richtig krank, sondern bloß alt. Und zwar so scheißalt, dass mir mein Arzt einen Gesundheitscheck empfohlen hatte.

Das sei ratsam in meinem Alter, hatte er gemeint.

»Ich bin nicht in meinem Alter!«, hatte ich schnell geantwortet. Und was sollte da überhaupt gecheckt werden? Ob ich krank oder gesund war, hatte ich bislang ganz gut allein herausbekommen, aber offenbar bin ich mittlerweile so hinfällig, dass man dazu einen Fachmann braucht.

Nach drei sehr langen Wochen will mein Arzt mir jedenfalls heute die Ergebnisse der Versorgeuntersuchung mitteilen. Ich möchte die Wartezeit im Rückblick euphemistisch mal als »intensiv« bezeichnen, weil ich sie hauptsächlich damit verbracht habe, nicht an Lungenkrebs zu denken, und dabei vor Nervosität eine nach der anderen zu rauchen.

In diesen drei Wochen habe ich mich nicht nur in allen wichtigen Hypochonderforen des Internets habilitiert, sondern auch mehrmals zu Jesus und wieder zurückgefunden, mich prophylaktisch selbst enterbt und im Möbelhaus nach einem gemütlichen Sterbebett gesucht. Servicemäßig hat der

Einzelhandel im Terminal-Illness-Segment übrigens noch einiges aufzuholen, jedenfalls muss man nicht glauben, dass man bei IKEA an geschultes Fachpersonal gerät, wenn man dort im letzten Hemd und mit einem Tross Klageweiber zum Probeliegen aufkreuzt.

Beinahe hätte ich einen langweiligen Job angenommen, um ihn sofort wieder kündigen zu können, damit ich in den letzten drei Wochen meines Lebens das machen kann, was ich schon immer tun wollte. Dabei mache ich doch ohnehin schon, was ich immer machen wollte, nämlich keinen Sport, und das sogar täglich.

Kein Wunder, dass ich jetzt ein bisschen aufgeregt bin, immerhin erfahre ich gleich, wie lange ich noch zu leben habe. Ich tippe auf drei Wochen. Was nicht mal schlecht wäre, denn drei Wochen können sich verdammt lang anfühlen, wie ich mittlerweile weiß.

Der Arzt schaut mich erwartungsvoll an, zückt einen Briefumschlag, nimmt einen Zettel raus und sagt dann: »Wollen Sie nicht doch lieber raten?«

Ich zeige warnend auf mein T-Shirt. Der Arzt zuckt genervt mit den Achseln.

Ich muss ja auch gar nicht raten. Denn ich weiß ja längst, dass ich unheilbar erkrankt bin. Ein mündiger Patient spürt so etwas.

»Na gut, ich sag's Ihnen«, meint der Arzt endlich und klingt enttäuscht. »Sie sind vollkommen gesund. Lungenfunktion ist absolut im grünen Bereich, im Blut haben wir nichts gefunden, was uns Sorgen machen müsste, und Ihre Leberwerte sind top.«

Der Doktor schaut mich sauertöpfisch an, wahrscheinlich, weil ich ausgelassen auf seinem Schreibtisch herumhüpfe.

Außerdem hört er genau, was ich gerade denke. Dabei denke ich extra in Bildern. Ich denke nämlich einen Triumphzug, bei dem eine jubelnde Menge meine Leberwerte chantet, während ich auf einem Streitwagen aus Schweinemett stehe und mit einer riesigen Zigarette herumwedele, während mein Arzt in einem Brokkolikostüm hinter mir stehen und »Bedenke, dass du unsterblich bist« in mein Ohr flüstern muss.

Der Arzt räuspert sich ungehalten.

»Das heißt aber nicht, dass ich Ihnen jetzt einen Freibrief ausgestellt habe«, mahnt er.

»Oh doch«, triumphiere ich. »Sie haben mir gerade den Keith-Richards-Kaperbrief unterschrieben, die niemals auslaufende Schürflizenz für gesundheitlichen Raubbau. Bisher war es nur ein Gefühl, aber nun ist es endlich wissenschaftlich erwiesen: Ich bin unkaputtbar.«

Jetzt starrt der Arzt mich geradezu feindselig an. Mediziner hassen es, wenn ihre Patienten gesund sind, ohne dass sie ihr Lebenswandel dazu berechtigt.

Er blättert in meiner Krankenakte.

Verdammt, dieser Gesundheits-Tschekist hat jahrelang belastendes Material über mich gesammelt, und jetzt will er mich damit erpressen. Nach einer Weile erhellen sich seine Gesichtszüge tatsächlich.

»Sie haben zu viel Körperfett«, quäkt der Querulant.

Mehr hat dieser Quacksalber nicht zu bieten? Das ist ja lächerlich. Ich bin offenbar noch viel gesünder, als ich dachte.

»Oho, Körperfett. Da habe ich aber Angst«, mache ich mich lustig.

»Diabetes, Arteriosklerose, Herzinfarkt«, zählt er die beliebtesten Todesarten in meiner Gewichtsklasse auf. »Das geht schneller, als Sie glauben.«

»Aber ich treibe doch Sport«, lüge ich zum wiederholten Mal.

»Ich stelle nur fest. Sie müssen sich nicht rechtfertigen«, behauptet mein Arzt, aber das ist natürlich Quatsch. Was soll ich denn sonst beim Arzt?

Ich werfe zum Beweis meinen Mitgliedsausweis vom Tischtennisverein auf den Tisch. »Der ist seit 1982 abgelaufen«, rügt er. »Außerdem steht auf der Rückseite, dass Sie sich der Platte nicht mal mehr auf Rufweite nähern dürfen.«

»Ein Missverständnis«, wende ich ein. »Ich hatte angenommen, Tischtennis sei eine Vollkontaktsportart, so wie Rugby. Nur mit einem kleineren Ball. Sehe ich aus, als würde ich lügen«, empöre ich mich.

Der Arzt nickt.

»Wie viele Zigaretten, sagten Sie, rauchen Sie noch mal am Tag?«, fragt er listig.

»Drei«, antworte ich.

»Sag ich doch«, meint er. »Sie lügen.«

»Aber ich treibe wirklich Sport«, beharre ich. »Ich war neulich erst schwimmen, zum Beispiel.«

»Neulich?«, fragt der Arzt.

»Letzten Sommer«, sage ich. »Zweimal. Einmal sogar ohne Freibadpommes danach.«

»Zweimal in der Woche wäre gut«, sagt der Arzt, und dann schaut er mich herausfordernd an: »Aber das schaffen Sie eh nicht. Weil Sie dafür viel zu faul sind.«

»Ich bin also faul?«, frage ich. Der Arzt nickt, und ohne ihn noch eines Blickes zu würdigen, verlasse ich empört seine Praxis. Jedenfalls versuche ich es, aber weil ich mein Kinn so stolz hochgereckt trage, lande ich in der Vitrine mit den Pokalen und muss anschließend genäht werden.

Seitdem habe ich mein Leben radikal geändert, weil ich jetzt zweimal in der Woche Sport mache. Aber damit so viel Sport überhaupt in eine einzige Woche passt, habe ich eine eigene Zeitrechnung entwickeln müssen.

Das Prinzip ist sehr einfach: So wie sich andere Kalender an den Bewegungen träger Himmelskörper orientieren, richtet sich meine Zeitrechnung nach meinen Bewegungseinheiten aus. Und da ich – den Empfehlungen meines Arztes folgend – zweimal in der Woche Sport treibe, kann die Woche logischerweise erst um sein, wenn ich Sport getrieben habe. Das bedeutet wiederum, dass seit meinem Arztbesuch für mich nicht einmal eine einzige Woche vergangen ist, während alle anderen Menschen in dieser Zeit um volle acht Monate gealtert sind. Mein Arzt hatte also recht: Sport hilft wirklich, den Alterungsprozess aufzuhalten.

Herr Bartel kauft ein Smartphone

Der Handyverkäufer ist ein junger Mann mit Fusselbart, dem die Technikbegeisterung ins Milchgesicht geschrieben steht. Und zwar gut lesbar in Pickelschrift.

»Ich möchte ein Telefon kaufen«, sage ich, aber genauso gut hätte ich nach dem Weg zum Telegrafenamt fragen können.

Der Ladenschwengel schaut mich an, so wie ich früher meine Oma angeschaut habe, wenn sie Wörter wie »Nietenhose« oder »Filmschauspieler« benutzt hat. Ich bin noch keine drei Sekunden im Laden und habe mich schon als Antiquität geoutet. Man sagt offenbar nicht mehr »Telefon«.

Wahrscheinlich seit zwanzig Jahren nicht mehr, aber fast genauso alt war das Handtelefongerät, das mir vor Kurzem abhanden gekommen ist. Wahrscheinlich ist es mittlerweile in irgendeinem Technikmuseum gelandet und wird dort neben dem Faustkeil ausgestellt.

Es war ein gutes Telefon, denn es konnte sogar Bierflaschen aufmachen.

Sonst konnte es nix, und vielleicht haben wir uns deshalb so gut verstanden.

Auch die Telefonate waren erfreulich kurz, weil der Akku nur noch drei Minuten gehalten hat.

»Ein Telefon, also. So ein Ding mit Wählscheibe und Samtüberzug?«, fragt das Bürschchen.

Wie schön, es hat Sinn für Humor und historische Details.

»Nein«, kontere ich. »So ein tragbares mit Kurbel dran. Mein altes ist bei der Ardennenoffensive draufgegangen.«

Der junge Mann schaut verdutzt bis unverständig. Das hat er jetzt nicht verstanden, so weit geht sein Sinn für historische Details dann doch nicht.

»Na, dann schauen Sie sich mal in Ruhe um«, meint er schließlich.

Ich schaue mich in Ruhe um, und diesmal ist es an mir, verdutzt bis unverständig zu schauen, denn ich entdecke bloß glänzende Kästlein, die alle gleich aussehen, aber sehr unterschiedlich kosten.

Ich überlege, ob ich ein paar der teuren Dinger einem Praxistest unterziehen soll, habe aber leider keine Bierflasche dabei.

Es sind alles Smartphones, und so eins will ich auch, aber ich kann es nicht sagen, weil das Wort zu blöd ist. Ich sage beim Bäcker auch nicht »Zimt-Wuppi«, obwohl die wirklich lecker sind. »Die hinten links«, sage ich und dann: »Nee, die anderen, die weiter unten.« Nach einer Viertelstunde habe ich meist das Gewünschte, oder kaufe halt was anderes, zum Beispiel eine leckere Torte. Aber »Zimt-Wuppi« und »Smartphone« sage ich nicht. Ich hab auch meinen Stolz.

Außerdem habe ich Angst, dass ich am Ende nicht smart genug für mein Phone bin.

Der Verkäufer umschleicht mich in enger werdenden Kreisen, offenbar wittert er Beratungsbedarf, denn ich schleppe mich in einer Blutwolke der Ahnungslosigkeit durch seine Jagdgründe.

Gerade noch rechtzeitig bemerke ich, dass ich mir ein Aufladegerät ans Ohr halte.

»Und, schon was gefunden?«, fragt das Bürschchen grinsend.

Ich nuschele irgendwas, beuge mich wieder über die Geräte und lese Beipackzettel.

Natürlich verstehe ich kein Wort, aber da stehen ja auch keine Worte, sondern bloß apokryphe Abkürzungen und kabbalistische Zahlen.

Ich patsche ein wenig auf den Kästlein herum, so wie es die anderen Kunden auch tun, aber es gelingt mir nicht, die Geräte zum Leben zu erwecken. Wahrscheinlich muss man erst die magischen Formeln auf den Zetteln aufsagen.

»Quadcore Prozessor Qualcomm Snapdragon!«, rezitiere ich laut, aber das Gerät reagiert nicht.

Dann zeigt der Verkäufer auf ein paar Geräte, die angeblich für mich infrage kämen. Ich soll mir die Beschreibungen durchlesen und dann in Ruhe eine Entscheidung fällen, sagt er.

Augenblicklich verfalle ich in Panik, denn es ist unmöglich, die richtige Lösung zu finden, wenn man nicht mal die Aufgabenstellung versteht.

Um Zeit zu schinden, glotze ich weiter auf die technischen Daten und mache dabei sehr verständig »Aha!« und »Soso«. Dabei warte ich bloß, dass jemand irgendwas vorsagt.

»Ich nehme dieses da«, sage ich irgendwann und zeige auf ein silbernes Gerät, weil es mir sehr benutzerfreundlich und übersichtlich gestaltet scheint.

»Das ist der Lichtschalter«, sagt der Verkäufer.

Ich gebe auf.

»Nach Hause telefonieren«, sage ich kläglich und strecke dem Verkäufer meinen Finger entgegen, aber sogar für diesen matten Scherz ist das Bürschchen einfach zu jung.

Tatsächlich fühle ich mich mittlerweile wirklich wie ein Außerirdischer, nur dass ich eben aus einer technisch total unterlegenen Zivilisation komme. Ganz im Gegensatz zum Ladenschwengel, der jetzt erst richtig aufdreht. Sein Vortrag über die Mobilfunkstandards ist reiner Minnedienst, seine Pickel glühen vor Begeisterung, während ihm Begriffe wie »Highspeed Packet Access« und »asynchrones Codemultiplexverfahren« in erotischer Verzückung aus dem Mund perlen.

Ich bekomme noch mit, wie der Verkäufer mich von den Vorzügen irgendeines Funknetzes zu überzeugen versucht, dann wird seine Aussprache zusehends undeutlicher, bis die Worte zu einem unverständlichen Gebrabbel verschmelzen.

Kurz darauf laufe ich barfuß durch grüne Auen und hasche nach einem Schmetterling, denn mein Gehirn hat sich in Sicherheit gebracht, weil es heiß zu laufen drohte. Das passiert eigentlich immer, wenn mir jemand etwas Technisches zu erklären versucht. Nach ein paar Sätzen lande ich im Tiefschlaf und dann in einem Paralleluniversum. Blöderweise stromert mein Körper währenddessen unbeaufsichtigt in der Weltgeschichte herum.

Als ich aufwache, liege ich im Rinnstein vor dem Geschäft. Es ist bereits dunkel.

In der einen Hand halte ich ein nagelneues Smartphone und in der anderen einen Zehnjahresvertrag mit einem Mobilfunkanbieter, der mich gegen horrende Monatsgebühren so ziemlich vollständig meiner bürgerlichen Rechte beraubt und alle sensiblen Daten an den jeweils Höchstbietenden verscherbelt. Geht doch, denke ich, man muss sich nur auskennen.

Genau so muss sich Konrad Kujau gefühlt haben

Gerade, als ich mir noch einen Schluck Rotwein eingießen will, klingelt das Telefon.

»Kannst du den Wein schon mal einpacken, aber nicht in altes Zeitungspapier, so wie meine Weihnachtsgeschenke immer, sondern schön?«, fragt meine Freundin.

»Ja, klar«, lüge ich und lege schnell auf. Verdammt. Ich hätte es wissen müssen. Unsere Weine haben sonst immer Schraubverschluss.

Mist, jetzt habe ich unser Renommiergeschenk angebrochen. Wir sind bei Freunden schick zum Essen eingeladen, und da muss man schick was mitbringen, sagt meine Freundin, und wenn es nicht schick genug ist, dann gucken einen alle mitleidig an. So wie neulich, als ich anlässlich einer Hochzeitsfeier ein schmuckes Dosenbiermitbringsel ausgewählt hatte.

Ich fülle also die halb leere Flasche mit unserem Aldi-Kochwein auf und koste.

Nee. Jetzt ist er nicht mehr so gut. Es fehlt ihm doch ein bisschen der fruchtige Körper.

Ich würze mit Orangensaft nach, aber nun ist der Wein zu fruchtig geraten, und deswegen schütte ich ein Pinnchen Korn nach. Dann koste ich wieder.

Nee. Jetzt hab ich eine Sangria mit westfälischem Einschlag daraus gemacht, der vollkommen die tannine Herbe fehlt, und so bestäube ich die Brühe ganz leicht mit Fichtennadel-Raumspray.

Schon besser. Ich habe schon kalifornische Rotweine getrunken, die haben weniger natürlich geschmeckt. Aber da geht noch was. Mein Ehrgeiz ist geweckt, außerdem habe ich Gefallen an der Panscherei gefunden.

Ich gieße das Gebräu also in die kleine Schublade unserer alten Kommode und lasse es eine halbe Stunde ziehen, um die Barrique-Note schön auszubauen.

Allerdings bekommt er von unserer Kommode eher eine Sperrholz- als eine Eichennote, aber Holz ist Holz, und einer vordergründigen Verkostung kann mein Gebräu allemal standhalten, finde ich, vor allem wenn die Testperson schon ordentlich einen im Kahn hat. So wie ich.

Ich hämmere also vorsichtig den Korken wieder in die Flasche, klebe die angerissene Alukapsel mit Heißkleber fest und betrachte das Ergebnis mit beträchtlichem Handwerkerstolz.

Genau so muss sich Konrad Kujau gefühlt haben, als er seine Hitler-Tagebücher endlich fertig gebastelt hatte.

Wahrscheinlich hatte er da schon geahnt, dass die Sache nicht gut ausgehen wird, aber wenn man so viel Mühe in eine Sache reingesteckt hat, will man ja auch ein wenig Anerkennung dafür haben.

Die Mission für diesen Abend ist also klar.

Aber bevor dieser Wein dekantiert werden kann, muss die ganze Bande lattenstramm sein.

Nicht einfach nur angetrunken, sondern so himmelschreiend rotzbesoffen wie, sagen wir, die Stern-Redaktion, als sie die Tagebücher abnickte.

Sicherheitshalber nehme ich noch ein paar Flaschen Absinth mit, die ich vor zehn Jahren bei einem Poetry Slam in der Schweiz gewonnen habe. Die Schweizer ziehen nämlich ihren Giftmüll auf Flaschen und lassen ihn von nichts ahnenden Kleinkünstlern außer Landes schmuggeln, aber das ist eine andere Geschichte.

»Das ist aber mal so ’n richtiger Volljurist«, sage ich zwei leere Flaschen später zu meiner Freundin und zeige auf Jens, der schwankend in seinem sehr mondänen Wohnzimmer steht.

Er versucht nämlich, ein Spiralmuster in seinen Indoor-Zengarten zu pinkeln.

»Es sieht nicht nur aus wie ein Katzenklo, es ist tatsächlich eins«, freut sich meine Freundin, während Jens’ Frau anderweitig beschäftigt ist. Die muss nämlich telefonieren.

Einer spontanen Eingebung folgend, hat sie Gehaltsverhandlungen aufgenommen.

»Und du bist sicher, dass nachts um drei ein guter Zeitpunkt dafür ist?«, hatte meine Freundin noch gefragt. Eher aus Neugier denn aus Sorge allerdings, weil auch sie kurz mit dem Gedanken gespielt hatte, ihren Chef in ähnlicher Mission anzurufen.

»Diese Branche schläft nie«, hatte Jens’ Frau entgegnet, aber wie es sich anhört, lag sie mit dieser Einschätzung ziemlich daneben.

Aber das macht ihr nichts, sie macht ihren Chef so richtig schön rund. Andächtig lauschen wir den Kaskaden von Beschimpfungen, die aus der betrunkenen Frau hervorquellen, bis Jens die *Beastie-Boys*-Schallplatte von ganz früher auflegt und in glücklichem Wahn durch das Wohnzimmer tollt.

»Ich hab sie alle rausgeschmissen«, fasst Jens’ Frau das Gespräch zusammen.

»Den ganzen Vorstand«, jubelt sie, begreift aber einen Moment später, dass nach diesem Telefonat nur eine einzige Stelle frei geworden ist – und zwar ihre eigene.

»Scheißegal!«, brüllt Jens in sein Luftgitarrensolo, rutscht dabei aber in eine vollkommen falsche Tonart.

»Scheißegal!«, brülle ich ebenfalls und konzentriere mich auf mein eigenes Luftgitarrensolo.

Der feine Herr Anwalt mag einen Tagessatz von einer Fantastilliarde Euro haben, aber von Luftgitarrensoli versteht er nichts. Und darum geht es im Leben.

Das Lied endet, und wir versuchen beide, den freien Stuhl in der Mitte des Zimmers zu erreichen. Wir spielen nämlich nebenher auch noch Reise nach Jerusalem, aber es stehen zu viele Sachen im Weg, und jemand scheint sie ständig zu verrücken. Diesmal jedoch lande ich krachend in dem Stuhl, und der Freischwinger tut seinen letzten Schwinger.

»Das galt trotzdem«, sage ich und versuche, mich aus dem Stahlrohrgefängnis zu befreien, während Jens auf der Skulptur eines italienischen Künstlers hockt, deren Erwerb ihm sein Steuerberater als Kapitalanlage empfohlen hatte.

»Quatsch, ich saß als Erster«, lallt Jens, aber da knickt der Fuß der Bronzeplastik ein, das ganze Ding neigt sich in Zeitlupe zur Seite und scheppert endlich mit Jens zu Boden.

»Du hast verloren«, verkünde ich salomonisch.

Aber das will Jens nicht auf sich sitzen lassen. Er kann nämlich nicht gut verlieren, das konnte er noch nie. Und weil er jetzt ganz dringend Oberwasser braucht, wirft er seinen Laptop an, um mir sein Aktienportfolio zu zeigen, auch wenn er das Wort schon längst nicht mehr aussprechen kann.

Er zeigt auf den Bildschirm, auf dem Zahlenkolonnen hektisch herunterrattern.

»Ist das nicht krass?«, sagt er ehrfürchtig und zeigt nun auf die Enter-Taste. »Wenn ich da jetzt draufdrücken würde, wäre alles futsch. Das ganze Geld. Alles weg.«

Wir starren beide gebannt auf die Taste. Eine dunkle Faszination geht von ihr aus.

»Machst du eh nicht«, sage ich.

Kurze Zeit später muss ich mich bei Jens entschuldigen.

Er ist doch viel impulsiver, als ich dachte.

Zum Abschied liegen wir uns in den Armen und versichern einander unverbrüchliche Freundschaft.

»Wir sollten das unbedingt wiederholen«, sage ich noch, und erst auf dem Heimweg fällt uns auf, dass wir unser Mitbringsel gar nicht überreicht haben. Vielleicht beim nächsten Mal.

Niedlichkeitsinfarkt durch Reibungsenergien

Mit manchen Frauen sollte man nicht in Spielzeugläden gehen. Es regt sie zu sehr auf, vor allem wenn sie Töchter haben. Wie zum Beispiel Frieda. Wir suchen nämlich ein Geschenk für ihre sechsjährige Tochter, und ich muss Frieda in den Spielzeugladen begleiten, weil ich in Krisensituationen immer einen ruhigen Kopf bewahren würde, behauptet sie.

Frieda ist alleinerziehend und von einem etwas delikaten Temperament, wie es manchmal auftritt, wenn man norddeutsche Dickschädeligkeit mit südländischem, in ihrem Fall allerdings bloß südmoselfränkischem, *corazón!* kreuzt.

Wir haben uns vor mehr als einem Jahrzehnt kennengelernt, nachdem ich mich auf ihre Anzeige »Suche vegane, nicht rauchende Mitbewohnerin« gemeldet hatte und ich Frieda überzeugen konnte, dass man Rollen besser haarscharf am Typ vorbei besetzt, weil das interessante Reibungsenergien freisetzt und für Spannung sorgt. Und weil Frieda schon damals Schauspielerin werden wollte, hat sie das gleich eingesehen.

Außerdem war das Zimmer einfach perfekt und Frieda irgendwie auch.

Wir haben ein paar Jahre zusammengewohnt und dabei jede Menge Reibungsenergie freigesetzt, weil wir eine interessante Mischung aus Mitbewohnertum und betrunkenen Abstürzen mit anschließender Verliebtheit bei stets inkongruentem Beziehungsstatus hingelegt haben, was zuletzt ziemlich unübersichtlich wurde. Das Kind ist aber trotzdem nicht von mir, da haben wir schon längst nicht mehr zusammengewohnt, weil sie wieder nach Flensburg gegangen war, um dort schreinern zu lernen, obwohl sie letzten Endes doch am hiesigen Theater gelandet ist.

Jedenfalls kennen wir uns ganz gut, und ich rufe Frieda an, wenn ich eine handwerklich fundierte Meinung brauche, und sie ruft an, wenn sie sich mal wieder auf die Palme gebracht hat und heruntergeschüttelt werden möchte.

Ich könne sie gut deeskalieren, findet Frieda.

Das ist zwar nicht das Kompliment, das man als Erstes hören möchte, aber man kann sich seine Talente eben nicht aussuchen. Und ich verfüge halt über ein extrem flauschiges Phlegma, das ich Frieda bei Bedarf gern zur Verfügung stelle.

Was manchmal fast schade ist, denn Frieda kann sich extrem schön aufregen.

Und je mehr sie sich aufregt, desto schöner wird sie.

Wir sind mittlerweile im Spielzeugladen gelandet, und Frieda artikuliert erste Einwände.

»Warum braucht es überhaupt diese Teilung in Mädchen- und Jungenabteilung?«, fragt sie schon etwas gereizt, aber der Verkäufer versteht die Frage nicht, stattdessen erkundigt er sich nach ihren Wünschen.

»Mal sehen«, sagt Frieda. »Hauptsache, es ist nicht pink.«

Ich schaue den Verkäufer feixend an. In seiner Haut möchte ich jetzt nicht stecken.

Es gibt nämlich nur Pink, der ganze Raum ist in ein nervenzerfetzendes Pink getaucht, die Regale ächzen unter pinken Schachteln, und von überall starren uns pinkfarbene

Plüscheinhörner derart rührend an, dass wir beinahe einem Niedlichkeitsinfarkt erliegen.

»Guck mal«, sage ich. »Sogar die Bleistifte sind pink mit pinken Federn dran.«

Der Verkäufer lächelt hilflos.

Frieda atmet schon ein bisschen schnapp. Das geht ja gut los.

»Die Farbe ist gar nicht mal das Problem«, behauptet Frieda. »Das Problem ist, dass es keine andere gibt.« Aber das lügt sie. Frieda hasst Pink, so wie andere Faschismus oder Rosenkohl hassen.

Kann sie zwar beides auch nicht ausstehen, aber Pink hasst sie halt noch ein wenig hingebungsvoller.

Der Verkäufer nickt und weist schließlich auf den Altar mit den Devotionalien der heiligen Lillifee, der in einem etwas augenfreundlicheren Altrosa gehalten ist, aber Frieda winkt ab.

»Und auch keinen Prinzessinnenscheiß!«, fordert sie.

Das hatte ich vergessen zu erwähnen: Prinzessinnenscheiß hasst Frieda noch mehr als Pink, und mit diesen beiden simplen Vorgaben ist es ihr gelungen, den Spielzeugauswurf in der Sparte Mädchenbedarf von hunderttausend auf null zu reduzieren. Das merkt auch der Verkäufer und lächelt jetzt noch hilfloser.

»Na ja, wird halt oft verlangt«, flötet er. »Ist doch niedlich.«

»Niedlich?«, fragt Frieda mit diesem lauernden Uma-Thurman-Blick, den ich ja recht schick finde. Aber der Verkäufer merkt nichts und nickt.

Frieda holt tief Luft.

»Alter, ich ficke niedlich«, sagt sie dann. Eher zu sich selber, aber doch so laut, dass wir es beide hören können.

»Und es stimmt sogar«, denke ich vergnügt. Nein. Leider sage ich es auch laut vor mich hin und fange mir von Frieda einen Blick ein, der sich nicht recht zwischen Amüsemang und Mordlust entscheiden kann. Aber wenn man nie richtig zusammen war, kann man auch nie richtig Schluss gemacht haben, und deswegen bleibt da immer ein wenig Reibungsenergie über, die in unpassenden Momenten durchsuppt.

Mir ist gerade überhaupt nicht nach deeskalieren, viel lieber würde ich mit Frieda durchbrennen. Nach Mexiko oder so. Aber vorher will ich noch einen richtig schönen Showdown sehen. Mit viel Blutvergießen für die gute Sache, so wie bei einem dieser Tarantino-Schinken. Immerhin ist Frieda Schauspielerin, und so angriffslustig, wie sie den Verkäufer anguckt, sind wir auf einem guten Weg.

Doch der lächelt servil, lotst Frieda vom pinken Inferno weg und verspricht, pädagogisch wertvolles Spielgerät zu zeigen. Mexiko muss also noch etwas warten.

Derweil probiere ich etwas Prinzessinnenbedarf an.

»Man kann sagen, was man will, aber ich kann's tragen«, sage ich gerade zu meinem Spiegelbild, als ich das Geschrei höre, und ich hätte auch sofort eingegriffen, wenn ich schneller aus dem Kleidchen herausgekommen wäre.

Das Lernspielzeug war offensichtlich auch nicht nach Friedas Geschmack, und deswegen bewirft sie nun den Verkäufer mit Kartons der Marke »Girl's Science Kit«.

Das Produkt bietet der naturkundlich interessierten Grundschuldame Versuchsanordnungen in wissenschaftlich eher randständigen Bereichen wie »Perfume«, »Beauty Parlour« und »Spa« an, während das entsprechende Produkt für Jungs mit Chemie, Biologie und den Grundlagen des Raketenbaus aufwartet. Frieda wittert darin eine gewisse Geschlechterungerechtigkeit und möchte den Verkäufer gendermäßig etwas nachsensibilisieren.

Ich rufe halbherzig zur Mäßigung auf, ziehe wahllos einen anderen Karton aus dem Regal und drücke ihn Frieda in die Hand.

»My First Cleaning Trolley« steht darauf, und darin ist wirklich und wahrhaftig ein pinker Reinigungswagen in Miniaturausgabe, ausgestattet mit Handfeger, Kehrschaufel und Wischmopp. Und um die Demütigung komplett zu machen, steht »For girls only« drauf.

Frieda hat jetzt Schaum vor dem Mund, und sogar der steht ihr ausgezeichnet.

»Man hätte lieber ›Know your place, woman!‹ hinschreiben sollen«, bemerke ich scherzhaft, aber Frieda ist derzeit für Ironie nicht so empfänglich.

»Ich möchte töten«, sagt Frieda, die mittlerweile mehr Ähnlichkeit mit Uma Thurman aufweist, als dem Verkäufer gut tun wird.

»Heißen Sie zufällig Bill?«, frage ich ihn, und erstaunlicherweise nickt er.

In den Boxen verrecken die letzten Töne Rolf Zuckowskis, und mir ist, als fegte mit einem Mal heißer Wüstenwind durch den Spielzeugladen.

Ich bekomme meinen Showdown, und dann ab nach Mexiko. Vielleicht fehlt doch noch ein Quäntchen Wut, überlege ich, vielleicht braucht Frieda doch noch einen letzten kleinen Schubs über die Klippen.

»Schau mal«, sage ich und zeige auf den entsprechenden Karton. »Bei dieser lustigen Poledance-Stange für Mädchen ab acht Jahren gibt es gratis einen Bikini mit wattiertem Oberteil dazu.«

Dann reiche ich Frieda die erstaunlich originalgetreue Plastiknachbildung eines Samurai-Schwertes, das Buben gleichen Alters empfohlen wird. Das Gemetzel kann beginnen.

Der geheinisfole Büfel

Es klingelt, und meine Neffen werden von ihrem Vater hereingekarrt.

Erst erkenne ich sie gar nicht, weil sie unter Bergen von Kuscheltieren verborgen sind, aber als das kleine Ding mit der großen Nase nicht antwortet, merke ich, dass ich mich mit einer Plüschversion von Hein Blöd unterhalte.

Die Neffen sind längst ausgeschwärmt und haben in Windeseile alle strategisch wichtigen Punkte unserer Wohnung besetzt.

Sie sind so fix, dass ich manchmal glaube, wir sind gar nicht verwandt. Es kann aber auch sein, dass unser flauschiges Phlegma, welches meine Familie seit Äonen im Wappen trägt, erst mit Beginn der Geschlechtsreife voll reinhaut.

Das würde jedenfalls einiges erklären.

Weil meine Schwester krank ist und der Kindsvater dringende Auslandsgeschäfte vorschützt, wohnen die beiden Neffen ab jetzt ein paar Tage bei uns. Wobei »wohnen« vielleicht der falsche Ausdruck ist, »pflügen« trifft es besser: Die Neffen durchpflügen unsere Wohnung, obwohl auch das behäbige Wort »pflügen« ihrem Tun nicht ganz gerecht wird, vielmehr durchschreddern sie unsere Habe in einer Geschwindigkeit, wie sie nur vier- bis sechsjährige Brüderpaare mit eingespielter Zerstörungsroutine an den Tag legen können.

Sie sind zwar nur zu zweit, aber genauso gut könnten gerade zweihundert Kinder oder ein paar Termitenvölker unsere Wohnung durchfleuchen; so schnell, wie die kleinen Biester sind, sieht man sie mit bloßem Auge ja kaum. Erst wenn die Kinder abgezogen sind und der Staub sich gelegt hat, erkennt man die Schneise ihrer Verwüstung und findet noch Wochen später Salamischeiben in Asterix-Heften und manchmal auch Losung in den Ecken.

Im Ruhezustand hüpfen die Neffen wie Flummis auf der Stelle und versuchen, zwei bis zehn Sätze gleichzeitig zu sagen. Und zwar in einem Wort und ohne Luft zu holen. Aber wann sind Kinder schon mal im Ruhezustand. Bei uns jedenfalls nicht, dazu sind sie zu aufgeregt, denn die Jungs sind sehr gern zu Besuch. Immerhin haben wir eine Menge Musikinstrumente zum Krach machen, zwei sehr schreckhafte Katzen und ein paar Meter Comics mehr als ihre Eltern.

Wichtig ist, dass man vor dem Eintreffen der Meute die empfindlicheren Musikinstrumente wegschließt und alle elektronischen Geräte herauslegt, die man erklärt haben will. Besonders der Vierjährige beherrscht nämlich intuitiv alle gängigen Gerätschaften von iPhone bis Tablet, auch wenn er sie vorher noch nie in der Hand hatte und erst recht noch nicht lesen kann. Das ist einfach evolutionärer Fortschritt, glaube ich, die nächste Generation wird sich dann nur noch in Nullen und Einsen unterhalten.

Unsere Katzen sind auch bestens präpariert. Sie haben sich in die Raufasertapete gekrallt, hängen wie zwei sehr haarige Spinnen an der Decke und fauchen wie verrückt, weil sie totale Altersfaschisten sind und aus Prinzip alle Minderjährigen hassen.

Was umso gemeiner ist, da die Neffen vollkommen vernarrt in die beiden Katzen sind, von ihnen aber ständig verprügelt werden, sobald sie sich nähern. Offensichtlich werden sie von den Katzen für sehr, sehr dumme Hundewelpen gehalten. Es ist der Neffen erste Lektion in unerwiderter Liebe, und sie nehmen sie an wie echte Männer: also mit Heulen, Greinen und Auf-den-Boden-Werfen.

»Jungs, könnt ihr euch ein bisschen selbst beschäftigen, ich muss nämlich noch einen Text schreiben?«, frage ich die Neffen eine Weile später, aber die beiden beachten mich nicht, weil sie schon beschäftigt sind.

Der Ältere tippt auf meinem Smartphone herum, und der Kleine krakelt in seinem Malbuch herum. Gerührt schaue ich den beiden zu, bis ich bemerke, dass der eine kostenpflichtiges Zeugs herunterlädt und der andere nicht etwa sein Malbuch, sondern die Prachtausgabe eines Robert-Crumb-Comics mit Filzstiften koloriert. Verdammt, ich hatte vergessen, das Comicregal auf kindgerechten Stand zu bringen.

»Warum sitzt diese sehr große Frau auf dem Gesicht von dem kleinen Mann?«, will der Jüngere prompt wissen.

»Wenn zwei Menschen einander sehr, sehr lieb haben ...«, beginne ich zögernd, habe aber keine Ahnung, wie ich den dargestellten Sachverhalt kindgerecht erklären soll. Muss ich aber auch gar nicht.

»Die pupst ihm ins Gesicht«, unterbricht der große Bruder. »Machen wir doch auch immer.«

Der Kleine nickt. Diese Erklärung leuchtet ihm ein, und letzten Endes meinte Freud ja womöglich in etwa dasselbe, als er die kindliche Sexualität als polymorph pervers beschrieben hat.

Ich tausche die Malvorlage dennoch aus und gebe dem

Älteren das Smartphone meiner Freundin zum Spielen, damit die sich auch mal mit den ganz praktischen Folgen eines Kinderwunsches auseinandersetzen kann.

Dann schleiche ich an meinen Rechner und tippe ein erstes Wort.

»Was machs' du da?«, höre ich eine Stimme hinter mir. Die beiden sind natürlich hinterhergeschlichen und starren aus diesen schlimm freundlichen Kindergesichtern über meine Schulter.

»Eine Geschichte schreiben. Die muss heute Abend fertig sein«, erkläre ich.

»Warum?«, fragen sie.

»Na ja, das ist quasi mein Beruf«, sage ich, muss dabei aber selber lachen.

»Wir machen mit«, beschließen sie.

»Das tut ihr doch längst«, antworte ich, aber eine Rolle als Sujet reicht ihnen einfach nicht. Den beiden schwebt ein weitaus aktiverer Part vor, und deswegen ziehen sie meine Ohren in Rufweite und schreien mir eigene Ideen für Geschichten hinein.

Sie sind nicht schlecht, muss ich zugeben, aber für die Lesebühne viel zu ausufernd. Falls ich aber mal einen dekonstruktivistischen Roman schreiben sollte, der mit zwölf verschiedenen Handlungsebenen in acht Dimensionen arbeitet, um dann unvermittelt abzubrechen, greife ich gern darauf zurück.

»Wie wär's, wenn ihr einen Film dreht?«, schlage ich vor. Filme machen die beiden noch lieber als die Coen-Brüder und mit Drehbuch-Schreiben, Bühnenbild-Bauen, Handlung-Spielen und Filmmusik-Einsingen sollten sie gute zehn Minuten beschäftigt sein.

Sie bekommen einen Stapel Papier fürs Drehbuch, das sie aber nie schreiben, weil sie lieber improvisieren, die alte Digitalkamera und die Erlaubnis, unsere Verkleidungskiste zu plündern.

»*Nur* die Verkleidungskiste«, rufe ich ihnen hinterher, weiß aber jetzt schon, dass sich wahre Kreativität nur ungern Zügel anlegen lässt.

Erich von Stroheim hat sich ja auch nicht von seinen Studiobossen ins Bockshorn jagen lassen, sondern einfach deren Vermögen verjuxt, bis sie bankrott waren und sich eine Kugel in den Kopf jagen mussten. Und genau dasselbe Schicksal droht jetzt mir, dabei habe ich nicht mal eine Zündplättchenpistole in der Karnevalskiste.

Vielleicht sollte ich doch mal nach den beiden Stroheimern schauen, überlege ich, zumal es drüben schon ziemlich laut geworden ist.

Allerdings ist das eher ein gutes Zeichen, Sorgen muss man sich eigentlich nur machen, wenn man nichts von ihnen hört. So wie neulich, als ich sie eine halbe Stunde Kinderfernsehen gucken lassen wollte, aber versehentlich einen Zombiefilm von Romero im DVD-Schacht hatte stecken lassen.

»Falls eure Mutter fragt: Das hier habt ihr alles nur geträumt«, hatte ich gesagt und schnell ausgemacht, aber zu diesem Zeitpunkt waren schon einige Hirne weggelöffelt worden.

Komischerweise hatte sich nur der Ältere gefürchtet, während sich der Kleine köstlich über die Gurgelgeräusche der Zombies amüsiert hat und seinen Bruder noch immer gern damit überrascht, wenn der gerade einschlafen will.

Mittlerweile ist die Sache aber fast verjährt, das Opfer braucht seit einigen Wochen nicht mehr zwangsläufig Flutlicht zum Einschlafen, und überhaupt rangiert die Zombiesichtung seit der Einschulung nur noch als zweitschlimmstes Kindheitserlebnis ever.

Ich gehe trotzdem mal schauen. Außerdem bin ich gespannt, was filmisch wohl diesmal gegeben wird.

Unser Wohnzimmer ist diesmal in ein Death Valley verwandelt worden, was man gut an dem Kaktus erkennen kann, der plötzlich aus unserem Sofa herauswächst. Heißer Sand knirscht unter meinen Füßen, aber als ich genauer hinschaue, ist es doch nur Streu aus dem Katzenklo, das umgekippt und zur Pferderanch umfunktioniert wurde.

Darin hockt der Kleine und wiehert kläglich, während sein älterer Bruder ihm gleichzeitig mit der Schreibtischlampe ins Gesicht leuchtet, sich auf seinen Rücken schwingt und das Ganze auch noch filmt.

Er hat sich als Erstgeborener nämlich nicht nur Regie und Kamera, sondern auch alle männlichen Sprechrollen gesichert. Weibliche gibt es nicht, weil es offenbar ein klassischer Western in der Tradition eines John Ford ist.

Der Jüngere darf nur das Pferd spielen, auch wenn dies eine ziemlich anspruchsvolle Rolle ist, weil das arme Tier in wirklich jeder einzelnen Szene zuschanden geritten wird. Allerdings ist der begabte Kleindarsteller just in einen Generalstreik getreten und schickt sich an, den Regisseur abzuwerfen.

Der Streik eskaliert, der Regisseur kündigt heulend Vergeltung an, und ein Vierjähriger rottet sich zu einem Mob zusammen. Ich muss intervenieren und kann deswegen meine Geschichte nicht zu Ende schreiben, weswegen der Rest nun in Stichpunkten folgen muss:

1. Der Film *Der geheinisfole Büfel* konnte trotz Sicherheitsbedenken des Studios und mittelschwerer Scharmützel am Set fristgemäß realisiert werden. Good job, everyone!

2. Wie bei allen großen Werken der Kinematografie gibt es zahlreiche apokryphe Nebenhandlungen, von denen einige, aber längst nicht alle im Weltraum spielen. In einem dieser Sci-Fi-Stränge sollte der Planet der Katzen von einer Armee aus Plastiksauriern angegriffen werden. Allerdings erwiesen sich die gecasteten Katzen als derart wehrhaft, dass von einer Verwirklichung abgesehen werden musste.

3. Das Originaldrehbuch liest sich so: »*Die Indianer haben Büfel, die Kauboys wolen sie klaun. Die Indianer schisen mit Feuergiftpfeilen. Das Fert stirbt. Dann komt der Superretterbüfel und rettet alle, weil er so gros ist. Ende.*«

4. Rezensionsvorschlag: »*Der Neo-Noir-Streifen* Der geheinisfole Büfel *wird die Kinogeschichte revolutionieren und muss gleichermaßen als Vollendung wie Totenlied des archaischen Westerns gelten. Das herausragende Debüt ist geprägt von einer ausdrucksstarken Kameraführung, die den Expressionismus eines Willy Hameister mit der Opulenz Hollywoods verbindet, während sich das intensive und ungekünstelte Spiel der Darsteller am italienischen Neorealismo orientiert. Die harten, oftmals gar brutalen Schnitte lassen an die Dogma-Bewegung denken, fußen in ihrer antiakademischen Kompromisslosigkeit aber eindeutig in der Art brut. Das Drehbuch wiederum besticht durch tiefen Humanismus und eigenwillige Orthografie. Einen würdigeren Anwärter auf den Auslands-Oscar kann es in diesem Jahr nicht mehr geben.*«

5. Wir danken der Akademie.

Wie auch ich endlich lernte, die Bombe zu lieben

Ich gehe freundlich nickend an der Schlange der Wartenden vorbei zum Tresen und gebe meine Bestellung auf: »Ich hätte gern ein Eis, drei Kugeln im Hörnchen, bitte sehr. Vanille, Fichte-Karamell und ein Bällchen Melancholie, aber mit einem Hauch Klassizismus.«

»Entschuldigen Sie mal, das ist hier immer noch eine Metzgerei!«, empört sich die Verkäuferin, aber ich zeige auf das rostige Ding in meinem Bollerwagen. »Und das hier ist immer noch eine Atombombe. Bekomme ich jetzt mein Eis oder nicht?«

Die Verkäuferin seufzt schicksalsergeben und macht sich auf den Weg. Für eine Fleischereifachverkäuferin ist sie ziemlich findig, muss man zugeben. Vorhin hatte ich bei ihr ein Pfund Gehacktes vom Archäopteryx bestellt und dann einen Paillettenanzug mit Leopardenmuster, den man auch zu Beerdigungen anziehen kann, ohne blöd aufzufallen. Das hat sie alles auftreiben können. Da bin ich doch nicht blöd und gehe woanders hin. Obwohl der Service eigentlich überall besser geworden ist, seit ich Atommacht bin.

Um mir die Wartezeit zu verkürzen, plaudere ich ein wenig mit den anderen Kunden. Es ist aber nicht so leicht, weil alle auf dem Bauch liegen und ihre Köpfe mit Aktentaschen oder Einkaufstüten abschirmen. Ein Dialog auf Augenhöhe wird da ein bisschen schwierig, aber das sind nun einmal die

Notfallmaßnahmen, die der Katastrophenschutz den Bürgern empfiehlt, wenn ich irgendwo mit meiner Atombombe im Bollerwagen auftauche.

Dabei bin ich in diese ganze Sache bloß reingerasselt, weil ich am Rhein spazieren war. Dort wollte ich so ein altes Wikingerschwert finden, wie dieses Mädchen aus Schweden. Die hat neulich mit ihrem Stöckchen genau einmal in einem See herumgestochert und zack so ein Ding gefunden. Das fand ich ein bisschen unfair, weil das eigentlich *mein* Kindheitstraum war. Jedenfalls klaffte seitdem eine wikingerschwertförmige Leerstelle in meiner Seele, die weder Weltruhm noch sexuelle Ausschweifungen füllen können.

Aber plötzlich schien die Gelegenheit günstig, die alte Scharte auszuwetzen. Denn offenbar war nicht nur in Schweden, sondern auch im Rheinland gerade Waffensammelsaison in Flachgewässern. Ich hatte nämlich folgende Meldung in der Zeitung gelesen:

»Der derzeit extrem niedrige Pegelstand des Rheins fördert gefährliche Hinterlassenschaften zutage – im Flussbett tauchen laut dpa immer mehr Bomben und Munitionsreste aus vergangenen Konflikten auf. In Köln musste neulich eine US-Fliegerbombe aus dem Zweiten Weltkrieg im Rhein gesprengt werden, in Mainz wurden 100 Flakgranaten geborgen und im rheinland-pfälzischen Engers der Gefechtskopf einer Panzerfaust. Zwar legt der Kampfmittelräumdienst Überstunden ein, doch droht der Fluss immer mehr zum Selbstbedienungsladen für Waffennarren zu verkommen. In Remagen wollen Unbekannte bereits eine komplette Panzerdivision geborgen haben, bei Urmitz ragen ungesichert die Reste eines womöglich noch immer einsatzfähigen Dragoner-Regiments aus dem Uferschlick, das vermutlich seit dem Pfälzischen Erbfolgekrieg dort feststeckt.«

Bingo, dachte ich, gehst du am Rhein vorbei und schlägst zwei Fliegen mit einer Klappe. Du erfüllst deinen Kindheitstraum, findest endlich dein Schwert und räumst nebenher ein bisschen auf. Den ganzen Plunder kann man ja nicht einfach so liegen lassen. Deswegen bin ich mit dem Bollerwagen zum Rheinufer, um Kriegsgerät einzusammeln. Ich wollte das Zeug einem guten Zweck spenden, einer Kita vielleicht oder der Antifa, damit die ihren Aktionen ein bisschen mehr Wumms! verleihen kann.

Ich hatte auch an die Leute im Hambacher Wald gedacht, obwohl die eigentlich nix brauchen können, was große Löcher in die Landschaft macht. Jedenfalls war ich voller guter Vorsätze.

Und dann bin ich über dieses Ding gestolpert.

Es sah aus wie ein verrosteter Boiler, aber es stand »Yippee-ki-yay, motherfucker!« drauf, was bekanntlich nicht nur ein Bruce-Willis-Zitat, sondern zentrales Strategem in der Philosophie nuklearer Abschreckung ist. Die Sache war klar, ich hatte die Bombe gefunden.

Ich habe natürlich gleich im Pentagon angerufen und die Seriennummer durchgegeben. »Sorry«, hat die Telefonistin gesagt, »die Garantie ist längst abgelaufen, die Dinger nehmen wir nicht mehr zurück, da könnte ja jeder kommen. Have a nice day, sir«, hat sie noch gesagt.

Seitdem bin ich Atommacht und mache mir halt einen schönen Tag.

Die Fleischfachverkäuferin ist endlich wieder aufgetaucht und reicht mir das bestellte Eis. Die Fichte ist schön harzig und kontrastiert die Karamellnote, die Melancholie prickelt bittersüß, aber auch klassizistisch auf meiner Zunge. Die

Leute werden wirklich kreativ, wenn man ein bisschen mit atomarer Vernichtung droht ... Doch was ist das?

Das letzte Bällchen enttäuscht auf ganzer Linie.

»Das Vanilleeis«, erkläre ich, »entspricht nicht meinen Vorstellungen. Aber bevor wir beide hier den Betrieb weiter aufhalten: Bringen Sie mir doch lieber eine Mozartkugel.«

Sie atmet erleichtert auf.

»Mit echtem Mozart drin«, präzisiere ich, und als ich der Metzgereiangestellten in die Augen schaue, sehe ich in ihnen etwas zerbrechen.

Ich glaube, es ist ihre Menschlichkeit.

Womöglich habe ich den Bogen etwas überspannt, jedenfalls zerbröselt eine felsenfest geglaubte unilaterale Weltordnung gerade vor meinen Augen, ein historischer Moment, wenn auch kein besonders angenehmer.

»Wie jagt man dieses Scheißding hoch?«, brüllt die Verkäuferin. Sie hat sich auf die Bombe gestürzt und schlägt mit bloßen Fäusten darauf ein, aber während ich gespannt und in seltsamer Herzensruhe auf den Blitz warte, der heller sein soll als tausend Sonnen, werde ich angesprochen.

»Das ist bloß ein alter Boiler, Sie Vollidiot!«, brüllt eine Stimme durch ein Megafon, und ich schlage die Augen auf.

Ich sitze noch immer am Rheinufer unterhalb der Bonner Nordbrücke auf dem rostigen Metallbehälter, der so mysteriös aus dem getrockneten Schlamm geragt hatte. Dort hatte ich mich vorhin niedergelassen, um Inspirationen für eine neue Geschichte zu sammeln. Dabei war mir auch prompt eine Bombenidee gekommen, blöderweise saß ich da schon auf diesem Ding und traute mich plötzlich nicht mehr aufzustehen. Denn wer weiß schon so genau zu sagen, was dieser Fluss gerade alles freigibt? Jedenfalls erschien es mir sicherer, den Kampfmittelräumdienst zu rufen.

Ich möchte nicht alarmistisch klingen, aber meine Aussage »Ich habe eine Atombombe im Rhein gefunden« stieß bei den Fachleuten nicht etwa auf ungläubiges Gelächter, vielmehr löste sie den Jubelruf »Wir ha'm wieder eine, Jungs!« und hektische Betriebsamkeit aus.

Jetzt allerdings wirken die Männer in den Schutzanzügen ein wenig enttäuscht, doch gerade als ich aufstehen will, hellen sich ihre Mienen auf.

Sie hätten doch noch etwas gefunden, teilen sie mir mit, ich möge mich möglichst nicht von der Stelle bewegen. Dreieinhalb Stunden später ist der erste Blindgänger entschärft, aber mein Rücken fühlt sich an, als sei dort gerade eine Brandbombe hochgegangen. Als es längst dunkel geworden ist, ist der Uferstreifen endlich von Munitionsresten befreit, aber ich bin mittlerweile so verspannt, dass ich nicht mehr aufstehen kann, obwohl ich jetzt dürfte.

Wie eine missglückte Kopie von Rodins berühmter Statue »Vollidiot auf Boiler« bleibe ich auf meinem Boiler sitzen und glotze auf den Rhein, während die Kampfmittelräumer hinter mir zusammenpacken. Erst als ich nichts mehr höre als das leise Flüstern der Muscheln im Fluss, lasse ich mich zur Seite kippen und komme unsanft im Kies zu liegen. Nach einer weiteren Stunde kann ich meine Glieder wieder bewegen. Ich rappele mich auf und lade den Boiler auf meinen Bollerwagen. Morgen gehe ich damit einkaufen. Einen Versuch ist das allemal wert.

Auf dem falschen Dampfer – eine Fiktion vom Nichtrauchen

Tag 1:

Meine Freundin und ich haben aufgehört zu rauchen. Gerade eben. Jetzt müssen wir bloß sehr schnell wieder einschlafen, dann ist der erste rauchfreie Tag bald geschafft. Einschlafen. Keine ganz leichte Aufgabe morgens um neun. Zum Glück ist November.

Tage 2 – 5:

Ich hatte mir Nichtrauchen viel schwerer vorgestellt. Aber wenn man gar nicht erst aufsteht, sondern gleich wieder einschläft, sind rauchfreie Tage ein Kinderspiel. Zum Glück ist immer noch November.

Tag 6:

Mist, jetzt ist Dezember. Wir müssen dringend mal wieder aufstehen, sonst rafft uns nicht der Lungenkrebs, sondern der Dekubitus dahin. Allerdings hat mein Körper mittlerweile sämtliche Nikotinreserven verbraucht, die ich mir über Jahrzehnte angequarzt hatte. Sinneseindrücke prasseln ungefiltert auf mich ein, besonders der Geruchssinn macht mir zu schaffen, er ist nämlich wieder da. Wieso riecht es hier plötzlich so nach altem Mann?

Tag 7:
Wir versuchen es mit Nikotinpflastern.

»Also, ich merk nix«, sagt meine Freundin, nachdem ich ihr den Rücken zugeklebt habe, also packe ich noch eine Schicht drauf. Nach einer Weile sind wir beide vollkommen zugepflastert.

Ich versuche aufzustehen, bleibe aber an meiner Freundin haften. Zusammen schaffen wir es fast bis zur Badezimmertür, dann geraten wir in Streit über die weitere Vorgehensweise. Eine ungute Paardynamik führt dazu, dass wir schließlich als riesiger Fliegenfänger an der Deckenlampe hängen bleiben. Erst nachdem wir stundenlang um Hilfe gerufen haben, werden wir von den Nachbarn befreit. Jetzt stehen wir im Ruf, ein etwas absonderliches Sexualleben zu führen.

Tag 8:
Meine Freundin ist über ihren Nikotinverzicht sehr gläubig geworden. Jedenfalls rennt sie ständig in die Kirche. Sie ist sogar wieder Messdienerin geworden, und das in acht Gemeinden gleichzeitig.

Tag 9:
Meine Freundin ist wegen liturgischer Differenzen doch wieder aus der Kirche ausgetreten. Die schismatische Streitfrage war: Darf man Weihrauch auf Lunge rauchen, oder muss man paffen?

Tag 10:
Wir versuchen es mit kaltem Entzug und verbrennen unsere letzten Kippen. »Wieso, ich verbrenne doch«, protestiere ich, aber meine Freundin weist auf die Feuerstelle im Garten. Ich

nehme die wirklich allerletzten zwölf Kippen aus dem Mund und werfe sie in die Flammen. Es wird eine schöne und würdevolle Zeremonie, bei der wir sehr viel weinen müssen, vor allem, wenn wir unsere Köpfe in den Qualm stecken und inhalieren.

Tag 11:
Zum ersten Mal seit sehr langer Zeit sind keine Zigaretten im Haus, wenn man von ein paar wenigen absieht, die ich für Notfälle in der Kaffeedose versteckt habe. Fünf Minuten später schleiche ich mit meiner ersten Notzigarette hinters Haus und treffe meine Freundin, die dort raucht. Weil uns der Rückfall ein bisschen peinlich ist, tun wir so, als ob wir einander nicht kennen.

Wir sind einfach zwei Passanten, die über einen fremden Gartenzaun geklettert sind, um, hinter eine Brombeerhecke gekauert, eine Zigarette zu genießen. Dabei kommen wir ins Gespräch, so was passiert ja häufig beim Rauchen. Wir kommen uns schnell näher, weil wir uns sehr sympathisch sind. Außerdem entdecken wir Gemeinsamkeiten. Wir haben zum Beispiel beide gerade eine wichtige Lebensentscheidung getroffen, sind uns aber nicht sicher, ob unsere Partner die wirklich mittragen, weil sie einfach nicht so diszipliniert sind wie wir. Wir verabreden uns zur nächsten vollen Stunde, um bei einem Zigarettchen ausgiebiger zu quatschen.

Weil ich mich bis zum nächsten Date irgendwie beschäftigen muss, will ich ausprobieren, ob man auch Kaffee trinken kann, ohne dabei zu rauchen.

Das ist meines Wissens noch nie versucht worden.

Ohne Zigarette schmeckt der Kaffee tatsächlich seltsam. Außerdem ist ins Kaffeepulver offenbar ohnehin schon Tabak beigemischt, finde ich heraus. Später kann ich meine Notzigaretten nicht mehr finden. Scheiße, ohne ausreichende Nikotinversorgung bin ich noch vergesslicher als ein Eichhörnchen.

Tag 12:
Ich glaube, meine Freundin ahnt, dass ich hinter ihrem Rücken rauche, deswegen mache ich reinen Tisch. »Wir müssen aufhören, uns heimlich hinterm Haus zu treffen«, sage ich.

»Stimmt, es ist nicht fair«, antwortet sie. »Manche von uns versuchen nämlich, ernsthaft an ihren Schwächen zu arbeiten.«

Fünf Minuten später hocken wir wieder rauchend hinter der Brombeerhecke.

»Es tut mir leid, aber wir können uns nicht mehr sehen ...«, sagt meine Freundin traurig. Aber die Treffen mit der geheimnisvollen Unbekannten sind der einzige Lichtblick meiner trostlosen nikotinfreien Existenz. Darauf kann ich einfach nicht verzichten. »Kennen wir uns etwa?«, frage ich deswegen, schlage den Mantelkragen hoch und ziehe an meiner Zigarette.

»Entschuldigung, ich muss Sie verwechselt haben. Aber Sie erinnern mich an einen Mann, den ich mal kannte. In einem anderen Leben«, haucht meine Freundin und zündet sich auch noch eine an. Sie sieht erleichtert aus.

Eine Weile herrscht Schweigen zwischen uns, dann schenkt meine Freundin mir einen aufmunternden Blick. Aber ich kann nicht gut Frauen ansprechen.

»Na, öfter hier?«, sage ich deswegen lahm, und meine Freundin guckt beleidigt.

»Auf keinen Fall«, antwortet sie schnippisch. »Ich bin Nichtraucherin.«

Schade, das hätte der Beginn einer wunderbaren Freundschaft werden können.

Tag 13:
Heute kaufen wir uns E-Zigaretten. Vapen ist vielleicht ungesünder als Nichtrauchen, aber immer noch besser als Rauchen. E-Zigaretten haben eigentlich nur Vorteile. Jedenfalls, wenn man davon absieht, dass man mit so einem Tauchsieder in der Fresse aussieht wie ein infantiler Cyborg, dem die Robot-Mama einen Hightech-Schnuller verabreicht hat. Oder wenn man davon absieht, dass sämtliche Liquids schmecken wie die Ergebnisse misslungener Testreihen für Alkopop-Getränke, die sogar der relevanten Zielgruppe saccharinabhängiger Teenager zu süß und zu eklig waren. Vielleicht gehen die Liquid-Alchemisten aber auch enzyklopädisch vor und mixen streng nach Alphabet, das würde jedenfalls den Litschi-Liane-Leberwurst-Liquid erklären, den der Verkäufer mir gerade empfiehlt.

Ich befinde mich im »Vampire Vapes Highend Smoke Emporium«, dessen Name allerdings nicht halb so prätentiös ist wie sein Personal. Vor mir steht ein monokeltragendes Kind von kaum dreißig Jahren mit einem zum Brett gewachsten Vollbart und einem Zylinder auf dem Kopf. Offenbar muss der arme Junge hier Dampfnuckel verkaufen, bis ihm jemand den Schlüssel zum nächsten Level in seinem Steampunk-Liverollenspiel aushändigt.

Ich werde dies allerdings nicht sein, bemerke ich mit Blick auf die Preise. Auf dem Tresen häufen sich Gegenstände im Gegenwert eines Kleinwagens, die laut Monokelbart allesamt unerlässlich für ein ungetrübtes Dampferlebnis sind. Der Rollenspieltroll hat sich auf Betriebstemperatur gelabert und klingt wie ein Raketenbauingenieur, der aus sämtlichen Autoquartetten dieser Welt gleichzeitig rezitiert: Ich soll mir den Vapefly MTL RTA-Verdampfer mit Drip Tips, 510er-Anschluss und doppelten O-Ringen, dazu den Zeus-Mesh-Z-Coil-Verdampferkopf und den AUGVAPE-Box-Mod-Akkuträger zulegen, dann wäre ich auf der sicheren Seite.

Nee, is' klar. Ich will rauchen und keine Ausrüstungssportart betreiben.

Vor dem Geschäft rauche ich erst mal eine total vertretbare Notzigarette gegen den Konsumterror, bis vorwitzige Händchen nach meiner Kippe greifen. Sie gehören dem Vollbartkind aus dem Dampferladen. So was hat es noch nie gesehen und verbrennt sich prompt die Pfoten an der glühenden Spitze. »Was ist das für ein Fabrikat? Funktioniert das über die Cloud?«, fragt es.

»Nee, das ist 'ne kombustionsbasierte Redoxreaktionstechnik, aber für 'nen Fuffi kann dieses geile Spielzeug dir gehören«, sage ich und reiche ihm den glimmenden Stummel.

Es stimmt wirklich. Man hat gleich viel mehr Geld in der Tasche, wenn man mit dem Rauchen aufhört.

Tag 14:
Ich probiere sicherheitshalber noch ein anderes Geschäft für E-Zigaretten aus. Neben »Vampire Vapes Highend Smoke Emporium« hat »Dani's Dampfbar« eröffnet, die wesentlich billiger aussieht. Jedenfalls haben sie an der Inneinrichtung gespart. Es gibt nämlich keine. Bloß einen alten Kopierer, der übrig geblieben ist, nachdem der Laden als Copyshop pleitegegangen ist, und einen verrosteten Grill, weil er später als Burgerbraterei pleitegegangen ist.

In derselben Straße haben sich außerdem der »Steampalast«, die »Smokefactory«, das »Esmoke« und der »Dampfplanet« angesiedelt. Allesamt grundsolide Unternehmen, die auf einer genauen Marktanalyse basieren und mit Geldwäsche nicht das Geringste zu tun haben. Ich kenne diese Gegend übrigens noch, als sich hier die Frozen-Yogurt-Geschäfte bis zum Horizont zogen.

Der Verkäufer in »Dani's Dampfbar« schaut gar nicht erst von seinem Handy auf, als ich eintrete, versucht aber trotzdem, mich zur Begrüßung zu high-fiven, was in einer Ohrfeige endet. Dann fragt er, ob ich »ein Vaping-Bro« werden will.

»Ich möchte jetzt ganz definitiv doch lieber Lungenkrebs«, antworte ich und gehe.

Tag 15:

Ich wage noch einen Versuch in Sachen E-Zigarette. Dieses Mal wähle ich einen alteingesessenen Tabakwarenladen, der mit der Zeit geht. Noch aber hat er geöffnet, und ich gerate prompt an einen kompetenten Verkäufer. Er hört aufmerksam zu und fragt nach meinen Wünschen und Vorstellungen. Dann bietet er mir eine maßgeschneiderte Lösung an, die exakt zu meinen Rauchgewohnheiten passt.

Stolz verlasse ich das Geschäft und schaue draußen in die Tüte, um mich noch einmal zu meinem Kauf zu beglückwünschen. Verdammt, ich habe mir eine Packung Kippen aufschwatzen lassen.

Das hat man davon, wenn man seine Wünsche so klar und deutlich äußert.

Zu Hause gerate ich in einen Streit mit meiner Freundin, weil ich angeblich wieder Zigaretten gekauft habe, dabei war ich das gar nicht, sondern mein Unterbewusstsein. Ich gehe auf den lächerlichen Vorwurf nicht ein und frage stattdessen, was sie da gerade im Garten vergraben hat. »Finde es doch heraus, wenn du daneben liegen willst«, keift meine Freundin. So gereizt kenne ich sie bloß, wenn alle Feuerzeuge im Haus kaputt sind. Nachts schleiche ich mit dem Spaten aus dem Haus.

Tag 16:
Die Stimmung zwischen uns ist immer noch etwas gespannt, aber beim Frühstück wird sie allmählich besser, weil ich Omelett gemacht habe. »Mmmh, lecker, ist das Käse?«, fragt meine Freundin, ich nicke halbherzig. Das Omelett ist ziemlich zäh und zieht Fäden, aber das war nicht anders zu erwarten, weil ich achtzehn Packungen Nikotinkaugummi untergemischt habe.

Der Blick meiner Freundin wandert zum Fenster. Jemand hat nachts den kompletten Garten umgegraben, ohne eine einzige Packung Kippen zu finden. »Wahrscheinlich Maulwürfe«, behaupte ich, und erst jetzt fällt mir ein, dass meine Freundin mir schon seit Wochen in den Ohren gelegen hatte, den Garten fürs Frühjahr vorzubereiten.

In meinem Nichtraucherverherrlichungsbuch lese ich, dass durch den Verzicht auf die Giftstoffe jede Menge kreative Energien im Hirn freigesetzt werden. Ich glaube, meine Freundin war längst nikotinfrei. Jedenfalls bis zu meinem Omelett.

Tag 17:
Das Nichtrauchen geht allmählich ins Geld. Plötzlich haben wir viel zu viel davon. Überall liegen Münzen herum, die wir bisher einfach in Kippenautomaten entsorgen konnten. Wir müssen uns dringend ein kostspieliges Hobby ausdenken. In

die engere Wahl kommen Fabergé-Eierlauf, Koi-Karpfen backen und Picassos zu Ende malen. Wahrscheinlich müssen wir wie Elon Musk ein eigenes Raumfahrtprogramm aufziehen, um der Geldschwemme Herr zu werden.

Tag 18:
Mittlerweile haben wir uns doch richtig gute Verdampfer zugelegt, die zumindest optisch an die Raumfahrt erinnern. Wir kommen exzellent mit den Geräten zurecht. Es kommt nur noch selten zu Verwechslungen, und meine Zunge ist nach dem Unfall mit dem Nasenhaarschneider auch wieder verheilt. Heute habe ich versehentlich den Verdampfer meiner Freundin erwischt. »Wieso vibriert der denn so?«, will ich wissen, aber da hat sie das Gerät schon wieder in ihrer Nachttischschublade verstaut.

Weil wir als Vaper natürlich sehr auf unsere Gesundheit achten, wollen wir künftig unsere eigenen Liquids mischen. Dabei setzen wir auf gesunde und regionale Naturprodukte, die wir am Wegesrand sammeln, wie zum Beispiel Stechapfel, Bilsenkraut oder einen Fingerhut voll Fingerhut.

Tag 19 (ff.):
Es hat funktioniert. Dank unserer selbst gebrauten Liquids ist der Nikotinschmacht vollständig verschwunden! Verschwunden sind allerdings auch andere Dinge wie der Donnerstag, die Farbe Grün und unsere Vornamen.

Dafür sind andere Sachen hinzugekommen, etwa eine Mäusefamilie, die in meinem Bart wohnt, die Farbe »Vauve«, die ein expressionistisches Milzbeige beschreibt, das mit hessischem Dialekt spricht, und ein paar Dimensionen, die wir bei einer mehrwöchigen Expedition im Wandschrank entdeckt haben. Sie heißen Gizmodo, Dr. Korritke und Geradeaus.

Wir verlassen das Haus nur noch selten, weil wir draußen von riesigen Fledermäusen gejagt werden. Immerhin haben wir unsere Vornamen wiedergefunden. Sie lagen die ganze Zeit im Fernsehen herum und lauten »Ichtarzan« und »Dujane«.

Endlich führen Dujane und ich das bewusste und giftfreie Leben, das wir uns immer gewünscht haben. Sogar die Zeit verstreicht langsamer, wenn man so achtsam lebt wie wir. Während wir auf dem Sofa sitzen und dampfen, ziehen die Tage gemächlich an uns vorüber wie flauschige Blauwale. Manchmal lassen sie sich sogar streicheln.

Irgendwann zwischen Sankt-Nimmerleins-Tag und Groundhog Day, jedenfalls etliche Flauschwale später:
Allmählich gehen unsere Liquidvorräte zur Neige.

Dujane schaut mich seit Tagen gierig an. Ich fürchte, sie will mich verdampfen.

Aber ich habe einen Plan …

2023:
Endlich Nichtraucher! Vielleicht lief nicht alles nach Plan, womöglich wurden sogar Fehler gemacht, aber die Ärzte sagen, es ist immerhin ein Glück, dass wir beide uns an nichts mehr erinnern können.

Man hat uns lediglich erzählt, dass wir auf einer Hüpfburg treibend im Nordatlantik gefunden wurden, wo wir mit einem Schmetterlingsnetz Dampfer einfangen wollten. Eine ganz normale Nikotinentwöhnung eben.

Sobald ich die geschlossene Station verlassen darf, gönne

ich mir vielleicht noch ein allerletztes Kippchen, um mit diesem Lebensabschnitt abzuschließen. Ich kann mir die Raucherei schließlich jederzeit wieder abgewöhnen, das habe ich ja bewiesen.

Freunde der bürgerlichen Wohnkultur

»Das sind aber hübsche Stühle«, sagt meine Freundin. »Das ist Biedermeier, oder?« Sie hat zwar am Ende des Satzes »oder?« gesagt, aber es war trotzdem keine Frage, sondern eine Aussage, so gut kenne ich meine Freundin immerhin.

Allerdings war es eine Falschaussage. Das weiß ich zwar nur zufällig, weil ich im Museumskatalog geblättert habe, aber jetzt weiß ich es halt und werde es vermutlich nicht für mich behalten können. Wir besuchen gerade ein Museum für bürgerliche Wohnkultur in Aachen, über das meine Freundin einen Kurzkrimi schreiben muss, weil in dem Haus bald eine vom Stadtmarketing gesponserte Lesung stattfinden wird.

Solche Krimis zu schreiben, ist sehr aufwendig. Man muss sich ständig perfekte Verbrechen ausdenken, obwohl man sich im echten Leben nicht mal schwarzzufahren traut, und dann muss auch noch das lokale Dekor ins rechte Licht gesetzt werden, weil das Stadtmarketing sonst meckert.

Als Lesebühnenautor habe ich es da leichter, ich darf einfach Quatsch erfinden, wie zum Beispiel einen reichlich unglaubwürdigen Besuch mit meiner Freundin in einem Museum für bürgerliche Wohnkultur. Dafür werde ich aber auch von keinem Stadtmarketing gesponsert.

»Nee, das sind Empire-Stühle«, sage ich, weil ich es ja gerade gelesen habe. »Das erkennt man an den rechtwinklig ansetzenden Armstützen und dem klassizistischen Dekor.«

Meine Freundin schaut mich ungläubig an, und ich deute ihr Staunen leider vollkommen falsch, nämlich als Aufforderung zu einem kunsthistorischen Stegreifreferat.

»Die typischen Halbreliefs greifen antike Formen auf«, krame ich weiter in meinem Kurzzeitgedächtnis. »Als Dekor setzte man aber nicht nur Applikationen, sondern auch Intarsien und Marketerien ein.«

Intarsien kenne ich noch, aber natürlich habe ich keine Ahnung, was Marketerien sind. Der Satz stand halt so im Katalog, den ich eben aus Langeweile gelesen habe, weil die angekündigte Museumsführung auf sich warten lässt. Wegen der kriminellen Recherchepflicht werden wir zu allem Überfluss an einer zweistündigen Führung teilnehmen. Über Möbel. Und Porzellan.

Unter normalen Umständen würden wir so was nie tun. Ich wage sogar zu behaupten, dass wir unter normalen Umständen dieses Museum gar nicht erst betreten hätten, sondern hübsch draußen geblieben wären. In Aachen ist nämlich heute Spätsommer. Sehnsüchtig schaue ich durch die Sprossenfenster, die so typisch für das niederrheinische Rokoko sind, hinaus auf den sonnenbeschienenen Platz. Die Menschen lungern dort ausgelassen herum, einige laben sich an prächtig bemalten Aluminiumdosen, die so typisch sind für den zeitgenössischen Biergenuss. »Warum sind wir nicht dort, sondern vielmehr hier?«, frage ich, aber meine Freundin schnauft bloß verächtlich.

Womöglich habe ich auf diesen frappanten Unterschied zwischen Wunsch und Wirklichkeit schon hingewiesen, vermutlich sogar mehrfach, jedenfalls ist die Stimmung ein bisschen angespannt. Meine Freundin wäre auch lieber draußen. Das merkt man daran, dass sie sehr verzweifelt versucht, sich für Antiquitäten zu interessieren. Da kommt es natürlich nicht gut an, wenn ich plötzlich mehr weiß als sie.

»Seit wann kennst *du* dich denn mit Möbeln aus?«, fragt sie. Natürlich kenne ich mich kein bisschen aus, aber das hat doch meine Freundin nicht zu entscheiden. Es hätte ja immerhin sein können, dass ich den Unterschied wirklich erkannt und nicht bloß nachgeplappert hätte. Ich habe ihn übrigens schon wieder vergessen, denn mein Kurzzeitgedächtnis ist wirklich sehr kurz.

»Schon immer«, antworte ich. »Ich bin nämlich ein großer Freund der bürgerlichen Wohnkultur.«

»Ja, sicher«, ätzt meine Freundin. »Das sieht man deiner Bude auch an.«

Das ist so unfair! Man macht sich ja auch nicht über Legastheniker lustig. Ich habe halt eine Wohn- und Einrichtungsschwäche, die übrigens gut mit meiner Abheftschwäche korreliert, weswegen meine Wohnstatt stets ein budenmäßiges, wenn nicht gar höhlenhaftes Element der Verrümpelung aufweist, auf das meine Freundin hier anspielt. Man könnte auch sagen: Ich bin eher schlecht im Wohnen, kann dafür aber extrem gut hausen. Kaum habe ich einen Raum fünf Minuten in Beschlag genommen, fragen die Leute ehrfürchtig: »Wer hat denn hier gehaust?«

Also eigentlich frage nur ich mich das, und zwar fünf Minuten, nachdem ich aufgeräumt habe, aber egal. Ich erzähle das auch nur, um meine womöglich etwas dünnhäutige Reaktion zu erklären.

Ich sage nämlich: »Ach, das ist eher eine Frage der Allgemeinbildung. Bloß sehr ungebildete Menschen können ein Biedermeier- nicht von einem Empire-Möbel unterscheiden.«

Dann werfe ich den Kopf zurück und lache affektiert. Diese Geste habe ich schon oft in Vorabendserien gesehen und wollte sie immer mal ausprobieren. Ich finde, sie steht mir ausgezeichnet, vor allem, wenn man sich dabei in einem bronzierten Louis-Philippe-Spiegel zuschaut. Die Freundin aber guckt komisch. Also nicht im Sinne von lustig, vielmehr sieht sie ziemlich angefressen aus.

»Na, dann kannst du die Führung ja gleich selber übernehmen, wenn du dich so gut auskennst«, zischt sie giftig, und auch das erzähle ich nur so ausführlich, damit deutlich wird, dass meine Freundin eine gewisse Mitschuld trifft.

»Hold my beer«, sage ich, um noch einmal ironisch auf das schmerzliche Fehlen desselben hinzuweisen, und scharwenzele zum Tresen des Museumsshops, der noch immer unbesetzt dasteht.

»Guten Tag, meine Damen und Herren«, leiere ich gelangweilt in Richtung der Wartenden, damit es möglichst echt klingt. »Ich darf sie ganz herzlich hier an Bord des Museums für bürgerliche Dingskultur begrüßen. Die Außentemperatur beträgt milde 25 Grad, der Ausgang zu sämtlichen Biergärten befindet sich gleich vor Ihnen, aber wir wollen ja unbedingt Kunstgeschichte hören, nicht wahr?«

Niemand rührt sich, die Umstehenden schauen mich unverständig an. Ich bin wohl noch nicht ganz in der Rolle, aber das ist ja auch meine erste Führung. Immerhin habe ich ihre ungeteilte Aufmerksamkeit.

Ich schaue mich in meiner Besuchergruppe um.

Ich sehe ein Teenie-Mädchen, das jetzt schon vor Langeweile zu verwelken droht, dazu einen Vater in Anglerweste, der ganz sicher noch weniger Ahnung von Altertümern hat als ich. Erschreckend kenntnisreich wirken dagegen zwei schmallippige Damen in wattierten Steppjacken mit Hermès-Tüchern und großformatigen Sonnenbrillen in den blondierten Föhnwellen. Die kennen viele der ausgestellten Antiquitäten noch persönlich von früher und werden sicher Fangfragen stellen. Sie schauen mich misstrauisch an, weil ich keine Rüschenbluse trage, wie es sich für eine kunsthistorische Führungskraft gehört, aber mit ein paar erfundenen Fachausdrücken kann ich die beiden vielleicht zur Räson lügen.

Außerdem drückt sich noch ein japanisches Paar herum. Offenbar verstehen sie aber kein Deutsch und sind nicht ganz orientiert. Zwar studieren sie eifrig einen Stadtplan, aber der Aufdruck verrät, dass sie sich gerade mit den Sehenswürdigkeiten Heidelbergs vertraut machen.

Ich bitte meine Gruppe, mir in die Ausstellungsräume zu folgen. Meine Freundin schaut zuerst angestrengt in eine andere Richtung, aber dann siegt ihre Neugier. Sie kommt mit, allerdings hält sie größtmöglichen Abstand zu mir. Anglerweste nimmt sofort Tuchfühlung auf und beginnt, von der Parkplatzsuche in Aachen zu erzählen. Mit zunehmender Dauer mischen sich immer mehr Elemente einer Verschwörungstheorie unter die Erzählung, offenbar glaubt er an die Existenz einer Radfahrermafia, deren einziger Daseinszweck es ist, ihm seine rechtmäßige Abstellfläche zu rauben.

»Das ist ja hochspannend, davon müssen Sie unbedingt mehr erzählen«, sage ich und klopfe ihm auf die Schulter. Hinter ihm schlägt die Tochter peinlich berührt die Hände vors Gesicht, aber man muss die Sorgen und Ängste der Menschen ernst nehmen, wenn man sich bedingungslos loyale Gefolgsleute heranzüchten will, und solche werde ich brauchen, wenn die Sache hier schiefgeht. Was sie zweifellos tun wird, denn in skeptischem Abstand folgen die beiden Föhnwellen. Sie riechen schon den Verrat an der Kunstgeschichte, haben aber noch nicht genug in der Hand, um mich als Hochstapler zu entlarven.

Vielleicht kann ich da helfen. »Wir befinden uns hier in einem architektonischen Kleinod des rechtsrheinischen Spätbarock«, beginne ich meine Führung mit einem eher lahmen Allgemeinplatz, beginne dann aber gleich, wild zu improvisieren. »Wenn Sie vor die Fassade treten und auf das Ziborium zwischen Velute und Tympanon blicken, erkennen Sie ganz klar die rechtsdrehenden Kapitelle. Auf der anderen Flussseite würden sie sich wegen der Schwerkraft ja andersherum drehen.«

Die Föhnwellen zucken bei jedem Wort zusammen, trauen sich aber noch nicht aufzumucken, weil ich ja immerhin der Führer bin.

Anglerweste hingegen nickt eifrig. »Dat hatte isch eben auch schon zu mein' Tochter gesäät«, meint er, und ich hefte dem Mann das Fleißkärtchen an die Brust, nachdem er sich so offensichtlich verzehrt. Er weint ein bisschen vor Rührung, und ich tätschele ihm die Wange, weil ich ja immerhin der Führer bin.

Das Teenie-Mädchen und meine Freundin haben sich vor lauter Fremdscham schon derart verschwistert, dass man sie kaum noch unterscheiden kann. Es kann aber auch an den Kapuzen liegen, die sie sich tief ins Gesicht gezogen haben. Ich weiß nicht, warum meine Freundin sich so anstellt, immerhin liefere ich ihr gerade ein Eins-a-Mordmotiv für ihre Geschichte.

Den ersten Raum bekomme ich noch einigermaßen unfallfrei hin, weil ich mich klug aufs Wesentliche beschränke.

»Hier sehen Sie einen Kachelofen«, sage ich und zeige auf das Ding. »Er ist gekachelt.«

Das ist ja noch einfacher, als ich dachte, freue ich mich, aber schon kommt die erste Fangfrage.

Ob die Kacheln Delfter oder Lütticher Herkunft seien, verlangen die Blondierten zu wissen. Wenn das der Führer wüsste, denke ich, aber er hat natürlich nicht die geringste Ahnung, also muss ich abermals ins Reich der Fantasie flüchten.

»Weder noch«, pariere ich aufs Geratewohl. »Das sind Arbeiten des berühmten Kacheliers Knap van Rompelen, der Mitte des achtzehnten Jahrhunderts in Geesthacht gefliest hat. Für den Fachmann leicht an den monochromen Sikkativen zu erkennen, die unter der Glasur als Grattage ausgeführt wurden.«

Das sollte die Föhnwellen für eine Weile beschäftigen. Ich wechsele schnell den Raum, um die beiden abzulenken. Glücklicherweise landen wir in einem reich bebilderten Salon.

»Boah, nackte Weiber«, fasst Anglerweste die dargestellten Motive korrekt zusammen, sodass ich mir weitere Erklärungen sparen kann. Die Tochter schlägt wimmernd den Kopf gegen den Kaminsims. Eine asiatisch anmutende Vase fällt herunter, die ich aber gerade noch auffangen kann.

Die beiden Japaner verbeugen sich ehrfürchtig, offenbar habe ich just wichtiges Kulturerbe aus dem Land der Kirschblüte gerettet. Ich lasse mich zu der arg improvisierten Aussage hinreißen, dass es sich um eine der letzten existierenden Konsolenvasen mit dem typischen Acht-Bit-Dekor der Nintendo-Ära handelt. Die Japaner lächeln zuerst höflich, aber dann sagt die Frau im deutlich rheinelnden Regiolekt: »Da wissen Sie mehr als ich.«

»Deswegen mache ich ja auch hier die Führungen«, antworte ich würdevoll, wende mich aber sicherheitshalber schnell dem nächsten Raum zu.

Er ist blöderweise voller Porzellan. Vitrinen voller Näpfe, Kännchen und Tassen stehen herum, zu denen mir rein gar nichts einfällt, doch die beiden Föhnwellen beginnen plötzlich, spitze Schreie des Entzückens auszustoßen.

Sie sind in ihrem persönlichen Schlaraffenland gelandet und fühlen sich endlich versiert genug, gegen den Führer zu putschen. Mit teuren Tässchen kennen sie sich aus, und so werden ihre Fragen nach Provenienzen und Manufakturen immer inquisitorischer. Ich doziere verbissen über die Bedeutung des doppelläufigen Kampfkännchens für die Kaffeehauskultur der Ostgotik, aber die Föhnwellen glauben mir kein Wort mehr.

»Das ist allerfeinstes Meißen!«, insistieren sie.

»Aber nein, das ist allerfeinstes Tinnef«, sage ich ungerührt, während die beiden zunehmend unter Schnappatmung leiden. »Aus der weltberühmten Schamottmanufaktur in Bad Tinnef, das liegt gleich hinter Bad Honnef.«

»Da war ich mal, da kann man gut parken«, unterstützt mich Anglerweste, bis ihm seine Tochter den Mund zuhält.

»Tinnef?«, schreit die lautere der beiden Föhnwellen und zeigt auf ein wertvolles Mokkatässchen aus dem späten 18. Jahrhundert. Es ist der ganze Stolz des Museums, aber so weit war ich im Katalog leider nicht gekommen.

Plötzlich setzt ein lauter Heulton ein, sodass ich außerstande bin, die Gesprächsbeiträge der Föhnwellen zu verstehen, aber ich ahne, dass sie wenig damenhaft sind. Der Alarm hatte angeschlagen, weil eine Föhnwelle die Vitrine aufgerissen hat, worauf die andere das Tässchen aus der Halterung gerupft hat, um es mir unter die Nase zu halten.

»Das ist scheißverficktes Meißen, Sie Vollidiot«, kreischt sie und zeigt auf die gekreuzten Schwerter auf dem Tassenboden.

Diesmal kann man sie viel besser verstehen, der Alarm hat nämlich wieder aufgehört. Stattdessen haben sich ein paar Sicherheitsleute vor uns aufgebaut, die sogar ein Laie am zeittypischen Tätowationsdekor der Unterarme und den liebevoll anabolisierten Muskelapplikationen erkennen kann.

Ob wir noch alle Tassen im Schrank hätten, wollen die beiden allen Ernstes wissen, aber niemand traut sich, die Frage wahrheitsgemäß zu beantworten. Man könnte eine Stecknadel fallen hören, so leise ist es plötzlich. Stattdessen hört man aber erst mal gar nichts und dann ein Mokkatässchen zerschellen.

Ich mache eine Kunstpause und schaue meine Freundin beifallheischend an.

»Das war doch kein perfektes Verbrechen«, protestiert sie und nippt an ihrem Glas.

Wir sitzen in der Sonne vor dem Museum, weil wir statt der Führung doch lieber auf eigene Faust losrecherchiert hatten, will sagen: Wir sitzen im Biergarten und denken uns abwechselnd Krimihandlungen mit Museumshintergrund aus.

»Doch«, runde ich meine Erzählung ab. »Denn in Wahrheit handelte es sich bei den beiden Föhnwellen um die berüchtigten Kunsträuberinnen Emma Wintersthorpe und Norma Thithstlethwaite, die zuerst die unbescholtene Museumsführerin Anita Berendonck unschädlich gemacht und in dem ganzen Durcheinander das unbezahlbare Tässchen gegen eine billige Kopie ausgetauscht haben. Das Original ist natürlich unversehrt geblieben.«

»Ich hab es gewusst«, freut sich meine Freundin. »Du warst in der Geschichte nur ein nützlicher Idiot.«

»Oh nein«, rufe ich. »Ich war von Anfang an Komplize. Sonst hätten wir das echte Kleinod doch nie aus dem Museum schmuggeln können.«

Triumphierend greife ich in meine Jackentasche und ziehe das Mokkatässchen heraus.

Auf diesen Moment habe ich lange hingearbeitet, in der Spätsommersonne blinkt und blitzt das Tässchen wie der Heilige Gral.

Meine Freundin ist sprachlos, und ich fühle mich wie ein kriminelles Superhirn, doch genau in diesem Moment kommen die beiden Föhnwellen aus dem Museum und steuern direkt auf uns zu. Jetzt bin auch ich sprachlos.

Fest umfasse ich meine Beute. Die lasse ich mir doch nicht von zwei Kunstdiebinnen abjagen, die ich gerade erst erfunden habe. Immerhin scheine ich sie sehr realitätsnah erfunden zu haben. Die beiden Freundinnen der bürgerlichen Wohnkultur sehen bis aufs helmartig aufgetürmte Haar genauso aus, wie ich mir sie vorgestellt habe.

»Das ist aber ein schönes Stück«, sagt die Größere. »Woher haben Sie das denn?

»Das werde ich Ihnen ganz sicher nicht auf die Nase binden«, rufe ich.

»Die hat er im Museum geklaut – und zwar mit Ihrer Hilfe«, behauptet meine Freundin, die offenbar auch zunehmend Schwierigkeiten hat, Realität von Fiktion zu unterscheiden. An den umliegenden Tischen wird es schlagartig still, dann bietet jemand an, die Polizei zu rufen.

»Ein Witz!«, rufe ich. »Sie hat bloß einen Witz gemacht.«

Mittlerweile können wir nicht einmal mehr fliehen, weil

sich eine Menschenmenge um uns gebildet hat. Kein Wunder, Krimis finden die Leute halt immer super.

Es wird wohl höchste Zeit, endgültig wieder in die Niederungen der Realität hinabzusteigen. »Um die Ecke ist so 'n Flohmarkt, da hab ich das Ding vorhin für 'nen Euro gekauft«, gebe ich zu, meine Freundin atmet lautstark aus, und die Aachener wenden sich enttäuscht ihren Getränken zu. Die beiden Föhnwellen begutachten das Gefäß dennoch interessiert.

»Ist das Meißen?«, frage ich hoffnungsvoll, vielleicht habe ich ja einen Treffer gelandet.

»Nee, das ist allerfeinstes Tinnef«, kichern die beiden. »Aus der weltberühmten ...«

»Ach, lassen Se mal, ich weiß Bescheid«, winke ich ab.

Das rheinische Kettensägenmassaker

Der stets unaufgeregte Herr Thomsen besitzt einen recht einträglichen Beruf, von dem er freundlicherweise kaum erzählt, weil er sich in den Gefilden der Informatik abspielt, und deren herbe Schönheit gilt nur dem Eingeweihten etwas. Ferner umgeben ihn und seine Liebste allerhand eingemeindete oder selbst gemachte Kinder, die schon vor Stunden in ihren Betten hätten verschwinden sollen. Stattdessen haben die Welpen vor dem riesigen Plasmabildschirm im Wohnzimmer ein Knäuel gebildet, aus dem abwechselnd Plärr- oder Kichergeräusche dringen – keines davon jedoch so durchdringend oder alarmierend, dass es einen der zuständigen Versorger auf den Plan gerufen hätte. Man wollte vielleicht auch gar nicht so genau wissen, was die Kinder da so trieben und schauten, weil man sonst womöglich hätte einschreiten müssen – und das ging nicht mehr so gut, weil auf Elternseite seit einigen Promill keine Respektsperson mehr zugegen war. Beide befanden sich selig lächelnd auf Erziehungsurlaub und hätschelten gerade lieber Bierflaschen als Kinder.

Wir saßen auf der Terasse, Frühlingssonne und Spätnachmittagsrausch hatten die Gemüter zum Leuchten gebracht, und beinahe hätte man von Idylle sprechen müssen, wenn das Wort nicht so entsetzlich pfui wäre und Knäuelmutter Hella nicht just mit jener skandalösen Forderung herausgerückt wäre:

Sie würde in diesem Jahr auch gern mal einen Maibaum gestellt bekommen, hatte eben Hella in den abendlichen Frieden hineinschwadroniert. Das sei doch ein hübscher Brauch, referierte die Ahnungslose, die, anders als Herr Thomsen und ich, ihre Jugend nicht in einem rheinischen Kaff hatte verbringen müssen und deswegen nichts wusste – nichts wissen konnte – von den erschröcklichen Umtrieben marodierender Junggesellenvereine in der Mainacht, jenen Hooligans auf ihren frisierten Traktoren, dieser grölenden Landplage, die in Kompaniestärke alles niederwalzt, was sich ihr in den Weg stellt. Neben Birken waren dies vor allem zugezogene Jünglinge, deren weltfremde Eltern auf die Schnapsidee verfallen waren, dass es ihrer Brut zuträglich sein würde, wenn sie fernab der Anfechtungen der Großstadt in gottverlassenen Weilern wie Bockeroth, Villiprott oder Gorgoroth aufwüchse, wobei nur letzterer der Name einer norwegischen Blackmetal-Band ist, während die beiden anderen zwar auch so klingen, aber tatsächlich in Fachwerk und Eternit gekleidetes Grauen am Stadtrand sind, das notdürftig von Alkoholismus, Inzucht und der Schreckensherrschaft der Junggesellenvereine zusammengehalten wird.

An einem solchen Ort aber verbrachten Herr Thomsen und ich unsere Jugend, weswegen wir dem organisierten Junggesellen und seinem Brauchtum noch immer in herzlicher Abneigung, wenn nicht gar tief empfundener Erbfeindschaft verbunden sind.

»Hübscher Brauch am Arsch«, blubberte es deswegen recht undifferenziert, aber ehrlich empört aus Herrn Thomsen heraus, dessen Augen sich sofort hilfesuchend auf mich richteten, denn der Herr Diplominformatiker ist kein Mann des geschliffenen Wortes. Er ist ja nicht einmal ein Mann der Tat, wie wir beide seit diesem Vorfall in jener lang vergangenen Mainacht wissen, von dem noch zu berichten sein wird.

»Was Herr Thomsen sagen will«, präzisierte ich, »ist Folgendes: Er hat in der Mainacht 1987 auf reichlich vergossenes Eigenblut geschworen, nie wieder die Hand gegen einen unschuldigen Baum zu erheben. Außerdem hat er Rücken, und es ist Schaltjahr. Da sind eh die Mädchen dran.«

Herr Thomsen richtete sich bei meinen Worten zu seiner ganzen lulatschigen Größe auf und präsentierte dabei eindrücklich seinen Haltungsschaden, den der dürre Riese in jahrelanger Sitzarbeit am Rechner erworben und bei nächtelangem Freizeitsport an der Konsole vervollkommnet hatte. Dann hob er auch noch triumphal grinsend die rechte Hand, die in einem braunen Lederetui steckte, denn der wackere Mausschubser hatte sich jüngst auch noch eine fiese Sehnenscheidenentzündung zusammengeklickt. Ich applaudierte brav, und Hella gratulierte erneut zu seiner fabelhaften Kriegsverletzung, wenn auch mit leicht angestrengtem Unterton. Dieser Mann, das war klar, würde in absehbarer Zeit keinen Baum fällen.

»Trotzdem«, insistierte die mittlerweile rabiat angeschickerte Frau, »versteh ich nicht, was daran so schlimm sein soll. Ihr hattet wenigstens Bäume. Wir hatten bloß Briketts zum Spielen und mussten am 1. Mai den ganzen Tag Arbeiterlieder singen, bis wir aus den Ohren bluteten. *Das* war schlimm.«

Wir seufzten. Immer wenn wir mit Anekdoten aus unserer schlimmen Provinzjugend rausrückten, spielte Hella ihre Trumpfkarte aus, weil sie in der Stadt aufgewachsen ist, wenn auch bloß in der Nicht-gerade-Weltmetropole Oberhausen, das sie in der Rückschau zu einer Art sozialdemokratischem Todesstern aus Waschbeton verklärte.

Hella ist dem Ruhrgebiet längst entronnen und weigert sich seither, diesen Landstrich zu betreten, damit Herr Thomsen keine Gelegenheit bekommt, den Wahrheitsgehalt ihrer Geschichten zu überprüfen. Nicht, dass Herr Thomsen dort je hinfahren wollte. Er steht dem Konzept Urlaub ohnehin sehr kritisch gegenüber und fährt am liebsten nirgendwohin. Wenn sich Herr Thomsen erholen möchte, setzt er sich vor einen seiner riesigen Bildschirme und erschießt Untote.

»Ich habe noch nie jemanden erlebt, der mit einem derart friedvollen Gesichtsausdruck solche Gemetzel anrichtet«, hatte mir Hella neulich einigermaßen ratlos erzählt, als das Paar wegen des ersten Wortes seines Letztgeborenen in Zwist geraten war. Das hatte nämlich nicht »Mama« oder »Papa«, sondern schlicht »Zombie« gelautet und hatte Hella ahnen lassen, welchen Frühförderschwerpunkt Herr Thomsen während seiner Elternzeit gewählt hatte, während sie arbeiten gegangen war.

Ich hege übrigens den leisen Verdacht, dass sich Herr Thomsen die schier unüberschaubare Kinderschar nur zugelegt hat, damit er nie wieder irgendwohin fahren muss.

»Ich gehe Bier holen, das kann ich auch mit links«, sagte Herr Thomsen plötzlich und schlenkerte zum Fahrrad, das an die Hauswand gelehnt stand. Deswegen war es nun an mir, Hella vom Baumdesaster zu erzählen, und da der einzige Zeuge mit Abwesenheit glänzen würde, gab es überhaupt keinen Grund mehr, dieser Geschichte die Fesseln der Wahrheit anzulegen. Vielmehr würde ich einen strahlenden jungen Helden erstehen lassen, gegen dessen Aventüren die Irrwege des Odysseus als schnöde Butterfahrt erschienen, auch wenn das Ausgangsmaterial denkbar unheroisch war:

Herr Thomsen hatte damals, bei unserem bislang ersten und einzigen Versuch, einen Maibaum zu fällen, gleich beim ersten Hieb statt in den Baum in seinen Fuß gehackt, sodass wir die Restnacht in der Notaufnahme verbringen mussten, wo gerade so etwas wie das Jahrestreffen der unbegabten Holzfäller stattfand. Aus sicherer Quelle weiß ich mittlerweile, dass aus dem Patientenrudel alljährlich der »Maidepp des Jahres« gewählt wird, der anschließend im Schwesternzimmer versteigert und während seiner Rekonvaleszenz rituell verspottet wird, so er den Unfall einigermaßen unbeschadet überlebt hat.

Nicht wenige der angelieferten Waldarbeitsnovizen hatten nämlich die Motorsäge unter Alkoholeinfluss geführt und sich dabei Verletzungen zugefügt, wie wir sie bloß aus Horrorfilmen kannten und dort mit Gejohle begrüßt hatten. Der Anblick dieses sehr realen rheinischen Kettensägenmassakers aber setzte unseren ohnehin ramponierten Nerven derart zu, dass wir mehrfach das Bewusstsein zu verlieren drohten, was Herr Thomsen seinem immensen Blutverlust zuschrieb, ein sehr genervter Pfleger aber als »Anstellerei« bezeichnete.

Der eher zaghafte Schlag des Herrn Thomsen wurde nach mehreren Stunden Wartezeit unbürokratisch mit drei Stichen genäht, doch konnte der gewitzte Patient durch intensive Jammerei eine Extragabe wirkmächtigen Schmerzmittels herausschlagen, das er brüderlich mit mir teilte.

Der Rest der Maisause fiel deswegen aus und wurde in nachlassender Schockstarre vor dem Fernseher verbracht, auf dem wir dreimal hintereinander die Schmonzette *Out of*

Africa auf Video anschauten. »Irgendwas ohne Blut«, hatte Herr Thomsen nämlich gefordert, was die Filmauswahl stark eingeschränkt hatte, denn seine VHS-Sammlung war zwar stattlich, aber eben auch so blutig wie frisch aufgeschnittenes Roastbeef.

»Ich werde nie wieder Blut sehen können«, hatte Herr Thomsen immer wieder gebarmt, bis ihn das Mittel sabbernd in den Schlaf schickte und die Sonne zum dritten Mal über Kenias Hügeln versank.

Es sollte tatsächlich Wochen dauern, bis Herr Thomsen inneren Frieden und seine kindliche Freude am filmischen Gemetzel wiedergefunden hatte, und nie habe ich meinen Freund unausgeglichener und unwirscher erlebt als in jenen horrorabstinenten Tagen.

Aber das konnte ich Hella schlecht erzählen. Erstens galt es, diesen Themenkomplex derzeit zu meiden, weil Hella noch immer wegen der Zombiegeschichte angefressen war, und zweitens hatten wir drei die Übereinkunft getroffen, dass es nichts Langweiligeres gab als das nostalgische Aufwärmen einer höchst durchschnittlichen Jugend. Deswegen erzählten wir im Notfall lieber von entbehrungsreichen, aber frei erfundenen Kindheiten, die wir abwechselnd als Galeerensklaven, unter Pygmäenstämmen oder am Nordpol verbracht haben wollten. Noch vor einer halben Stunde hatte Hella geprahlt, dass sie ihre geringe Körpergröße der Arbeit in den engen Stollen zu verdanken habe, die sie als Grundschulkind unter Tage hatte leisten müssen.

»Einstmals«, begann ich deswegen, während uns der Bierholer zum Abschied winkte, »war dein Thomsen nicht jene erloschene Ruine, die, von der Last der Jahre und Biere gebeugt, gleich in eure Mülltonnen semmeln wird …«

Ich machte eine Kunstpause, um Herrn Thomsen Gelegenheit zu geben, das Gesagte in die Tat umzusetzen, doch riss dieser in allerletzter Sekunde den Fahrradlenker herum, schrammte putzig wackelnd an den Behältern vorbei, um schließlich in kühnem Schwung gen Tankstelle zu segeln.

»Ha!«, sagte Hella bloß und trank zur Strafe von meinem Bier.

»... jedenfalls war er einstmals ein unerschrockener Streiter für das Gute, Wahre und Schöne.«

»Komisch, mir hat Thomsen immer erzählt, dass er bis zur Volljährigkeit Autist gewesen ist«, widersprach Hella.

»Das war er auch«, bestätigte ich. »Ich wusste lange nicht, dass er überhaupt sprechen kann. Bis er mir eines Tages erzählt hat, dass er von seinen Eltern im Elektronikmarkt ausgesetzt und von einem Rudel Amigas großgezogen worden sei.«

»Stimmt ja auch, irgendwie«, sagte Hella und fingerte wieder nach meinem Bier. »Nun aber zur Baumgeschichte, den Rest kenn ich ja.«

Und dann erzählte ich halt eine Baumgeschichte, die mit wirklich allen Wassern der Fiktion gewaschen war und nicht ein einziges Fünkchen Wahrheit enthielt. Die Handlung lehnte ich recht eng an die Erzählungen des Indiana Jones an, nur dass ich die Bundeslade gegen eine besonders prächtige Birke und die Nazischergen gegen Junggesellenhorden austauschte, die den unerschrockenen Indiana Thomsen und seine Bundesbirke durch das undurchdringliche Dickicht des Kottenforstes jagten. Gerade als ich darüber nachsann, mit welchem erzählerischen Kniff ich den fetten Antler, den damaligen Anführer der örtlichen Maiproleten, der heute vollkommen zu Recht als Aushilfe in einem Getränkemarkt versauert, schmelzen lassen könnte wie Indies Endgegner im ersten Teil der Saga, stapfte ein Kind auf die Terasse und hielt seiner Mutter ein Telefon hin.

»Da ist Papa dran«, sagte es. »Ihr sollt ins Krankenhaus kommen. Irgendwas ist mit seinem Fuß.«

Wir nahmen ein Taxi und fanden Herrn Thomsen bereits bandagiert, aber bester Laune in der Notaufnahme vor, wo er gerade eine Gruppe ähnlich blessierter Maiköniginnen mit einer Geschichte unterhielt, die meiner eben erzählten bis aufs Haar glich.

Als wir die Heimfahrt antreten wollten, erklärte sich Herr Thomsen auch noch stolz zum rechtmäßigen Besitzer einer gut fünf Meter hohen Birke, die vor der Krankenhauspforte lehnte.

»Ha!«, sagte Hella bloß und bot dem verletzten Thomsen ihren Arm, doch der lehnte jede Hilfe ab und humpelte in stiller Würde ganz allein zum Taxi.

Reich werden mit Turbo-Dieter

»Wir werden reich!«, brüllt Turbo-Dieter ins Telefon, aber das behauptet er jede Woche.

»Du musst ja nicht rangehen«, sagt meine Freundin dann immer, aber irgendwann muss ich doch, weil Turbo-Dieter eine Wahlwiederholungstaste hat. »Wir müssen da jetzt investieren, bevor es andere tun«, ist seine wöchentliche Devise, aber eigentlich meint er: Ich müsse da jetzt investieren, und zwar in ihn, weil es andere eben nicht tun.

Er will sich ausgerechnet von mir Geld pumpen, und allein diese Fehleinschätzung beweist, wie wenig Turbo-Dieter von ökonomischen Zusammenhängen versteht.

Mit dem Reichtum hat es deswegen noch nie geklappt, trotzdem ruft Dieter jeden Donnerstagmorgen pünktlich um halb sieben an, weil er vorher Nachtschicht im Parkhaus schiebt und dabei viel Zeit hat, eine neue Geschäftsidee auszubrüten.

Manchmal gucke ich am Abend vorher ins Fernsehprogramm, dann weiß ich meist schon, in welche Richtung Dieters Vorschlag gehen wird. Er ist ein großer Freund von TV-Reportagen, und wenn er in seinem Kabuff fünf Stunden lang Dokus über verschwundenes Nazigold angeguckt hat, dann hat er eben am nächsten Morgen einen todsicheren Tipp auf Lager, wo das Zeug zu finden ist.

Und wenn arte einen Abend der Überfischung der Meere

widmet, habe ich am anderen Morgen Dieter in der Leitung, der umgehend mit mir eine Fischzucht in den Abklingbecken stillgelegter Atomreaktoren aufziehen will. Die seien derzeit günstig zu haben, hat er im Internet recherchiert, jetzt brauche er nur noch das notwendige Startkapital.

»Über den Daumen gepeilt 9,6 Millionen. Na, sagen wir neun«, sagt Dieter, »dann lasse ich meinen Dienstheli weg, obwohl der ziemlich praktisch wäre, weil ich ja jeden Tag zwischen Krümmel, Mülheim-Kärlich und den Westkarpaten pendeln muss.«

»Dieter«, sage ich, und ich sage es so gut wie jede Woche, »du könntest genauso gut neun Trilliarden oder neunhunderttausend von mir verlangen, das würde überhaupt keinen Unterschied machen. Und wieso überhaupt die Karpaten?«

»Weil die Rumänen spottbillig sind«, antwortet Dieter und erzählt begeistert vom nächtlichen Chat mit Roman Romanescu, mit dem er den fischigen Deal schon so gut wie eingefädelt hat. Der ist zwar genau wie Dieter nur Pförtner, aber eben in einem maroden Atomkraftwerk in den Westkarpaten, das immerhin Internet hat.

»Roman ist schon mal auf jeden Fall mit dabei«, sagt Dieter. »Er ist genau der richtige Mann für uns, versteht was von Reaktoren und hat Erfahrung mit der Karpfenzucht. Seine Oma hat sogar mal einen Preis für einen besonders dicken Spiegelkarpfen gewonnen, das war noch unter Ceaușescu, aber den Pokal hat sie immer noch. Den könnte Roman als Sicherheit anbieten.«

»Als Sicherheit für die 9,6 Millionen?«, frage ich, und Dieter nickt.

Das hört man durch das Telefon, weil Dieter eben besonders heftig nickt. Dieter nickt nämlich mit dem ganzen Körper, und davon hat er ziemlich reichlich. Wegen seiner ausufernden Körpersprache heißt er ja auch Turbo-Dieter, und weil in ihm dieser unverwüstliche Motor läuft, der ihn zwar nirgendwohin fährt, aber eben auch niemals verreckt, obwohl es dazu wirklich Grund genug gäbe, jetzt mal objektiv gesehen.

Für Turbo-Dieter ist der Goldtopf immer zum Greifen nah, und ich glaube, ich würde sofort depressiv werden, wenn Dieter eines Morgens anriefe und behauptete, bloß ein dicker Mann mit einem beschissenen Minijob in der Sicherheitsbranche zu sein, der zu viel Fernsehen guckt. Das passiert hoffentlich nie.

Mir kann eigentlich auch nichts passieren, weil Turbo-Dieter immer am ganz großen Rad drehen will und nur Millionenbeträge braucht, die ich nicht habe. Er hat noch nie versucht, sich hundert oder fünfhundert Euro bei mir zu borgen. Deswegen gehe ich immer ans Telefon. Und weil ich nach all den Jahren noch immer neugierig bin. Das ist ja der Zauber einer gelungenen Beziehung, dass man einander überraschen kann, und in dieser Hinsicht kann man Dieter wirklich keinen Vorwurf machen.

»Ich habe einen Kontinent entdeckt«, grölt Dieter heute in den Hörer.

»Im Parkhaus?«, frage ich.

»Nein, im Nordpazifik«, sagt Dieter. Ich warte auf weitere Erklärungen, aber Dieter schweigt.

Das hört man sehr deutlich, weil er dabei aufreizend ins Telefon schnauft wie ein Zuchtbulle auf der Besamungsstation. Ich soll gefälligst nachfragen, bedeutet dieses Schnaufschweigen.

Aber ich denke gar nicht daran, immerhin will er mir etwas verkaufen, da soll er sich mal schön ein bisschen anstrengen. Aber gegen Dieters Schweigen habe ich keine Chance, er schnauft mich einfach in Grund und Boden, und wenn ich auflege, ruft er einfach wieder an und schnauft. Irgendwann kippt mir Turbo-Dieter vor Aufregung am Telefon um, fürchte ich, aber trotzdem lässt er sich die Rosinen immer einzeln aus der Nase picken.

»Ist Atlantis schon wieder aufgetaucht?«, frage ich, weil wir im letzten Sommer an der Nordsee danach gesucht hatten. Das war Dieters einzige Expedition außerhalb des Internets bisher, auch wenn er das ganze Wochenende nur an der Hotelbar gesessen hat. Eigentlich hatten bloß meine Freundin und ich an die Nordsee fahren wollen, aber dann war plötzlich Turbo-Dieter am Bahnsteig aufgetaucht und hatte behauptet, die ganze Sache sei seine Idee gewesen.

»Quatsch«, habe ich gesagt. »Du wolltest, dass ich ein Baggerschiff miete und damit eine bewohnte Hallig wegbaggere, weil darunter angeblich Atlantis liegt, während ich lediglich erwähnt habe, dass man mal wieder ans Meer fahren könne.«

Dass sei im Wesentlichen dasselbe, hat Dieter gesagt und dann die Sache mit seinen Augen gemacht, gegen die Medusas Trick wirklich der letzte Dreck ist, weil man bei Dieter zu Butter zerfließt. Wenn er diese Sache mit seinen Augen macht, sieht er aus wie ein verlassener 120-Kilo-Welpe, der mit seinem flauschigen Fell in einen eisigen Regenguss gekommen ist, fiepend vor deiner Tür sitzt und sein entzückendes Näslein an deinem Hosenbein reibt.

»Dann komm halt mit, aber nimm deine Nase da weg«, hat meine Freundin gesagt und sich Tränen der Rührung aus den Augenwinkeln gewischt. Noch im Zug ist Dieter mit einem Schuhverkäufer aus Dinslaken ins Gespräch gekommen, der mit ihm die versunkene Friesenstadt Rungholt als Erlebnispark auf einer verlassenen Ölplattform wiederaufbauen wollte, und ich war das ganze Wochenende über abgemeldet.

»Du bist eifersüchtig«, hatte meine Freundin abends im Bett zu mir gesagt und erstaunlicherweise recht.

»Dieses Mal ist es viel besser«, meint Dieter und erzählt dann lange vom nordpazifischen Müllstrudel, einem schwimmenden Plastikhaufen von den Ausmaßen Mitteleuropas, der nordöstlich von Hawaii herumschwappt. Den hat er gestern im Fernsehen gesehen und sich gleich verliebt.

»Ich habe ihn gekauft«, schließt er seine Erzählung ab. »Jetzt müssen wir nur noch hinfahren, Kunstharz drübergießen, das Zeug aushärten lassen, und bums haben wir einen eigenen Kontinent. Eine abwaschbare, wiederverwendbare Landmasse aus widerstandsfähigem Hartplastik, eine neue Heimstatt für die Menschheit. Ideal für Allergiker wie mich und modernen Hygienestandards angemessener als herkömmliche Länder aus ... Erde.«

Dabei mag Dieter gar keine Landschaft, nicht mal welche aus Plastik, und seine Allergie tritt auch nur auf, wenn offizielle Post durch seinen Briefschlitz segelt. Davon bekommt er Schuppenflechte, sagt Dieter und hat deswegen bei allen Ämtern unsere Adresse angegeben. Das habe ihm sein Arzt verschrieben, hat er behauptet.

»Wir brauchen Kunstharz«, erzählt er weiter, »schnell aushärtenden Komponentenkleber oder so etwas. Ich habe das mal durchgerechnet und gestern mit einem finnischen Kollegen telefoniert, der in Europas größter Kunstharzfabrik den Wachmann macht. Der ist auch dabei. Wenn er bei jeder

Schicht nur acht Prozent der Produktion abzweigt, sind wir in zwölf Jahren startbereit. Aber das mit dem Kleber klären wir später, viel wichtiger ist die ›Yacht‹. Ohne die kommen wir ja nicht hin. Und wenn ich sage ›wir‹, dann meine ich natürlich dich.«

»Welche Yacht?«, frage ich misstrauisch, aber Dieter wechselt sofort das Thema, und das macht mich noch misstrauischer.

»Wir beide müssen übrigens mal ein ernstes Gespräch über Datensicherheit führen, da liegt bei dir einiges im Argen«, sagt er beiläufig.

»Welche Yacht?«, frage ich noch mal. Mir gefällt nicht, dass Dieter das Wort »Yacht« mit Anführungszeichen ausgesprochen hat.

»Die Bartel of the Seas. Ich werde sie nach dir benennen.«

Das ist nicht gut. Wenn Dieter sich erkenntlich zeigen will, ist die Katastrophe meist schon passiert.

»Welche Yacht?«, belle ich noch einmal.

»Du wiederholst dich. Ich erkläre es doch gerade. Wie du weißt, habe ich ja keinen Ebay-Account mehr.« Das stimmt. Dieter ist mal mit dem Kriegswaffenkontrollgesetz in Konflikt geraten, weil er seine Initiativbewerbung als Ausstatter für den Film *Operation Walküre* aufpeppen wollte, obwohl er letztlich bloß vor Tom Cruise angeben wollte, um danach Scientology zu übernehmen. Jedenfalls war Dieter damals exakt zwölf Minuten Besitzer eines gefechtsbereiten Panzers, den ich in der Ukraine abholen sollte, was jedoch meine angeborene Vernunft und der Staatsschutz verhindert haben, obwohl der Staatsschutz deutlich schneller reagiert hat.

Ich lasse mein Handy fallen, hechte an meinen Rechner und stelle entsetzt fest, dass ich als Höchstbietender eines uralten Flugzeugträgers gelistet bin, der ab Plymouth an Selbstabholer verscherbelt wird, und obwohl ich die Tastatur mit beiden Fäusten bediene, bin ich wenige Sekunden später dessen Besitzer.

»Ich habe eine Yacht!!!«, schreie ich und blicke ins verschlafene Gesicht meiner Freundin.

»Wie schön«, sagt sie, dreht sich noch einmal um, und erst da erkenne ich, dass ich noch immer im Bett liege. Kurze Zeit später klingelt das Telefon.

Kein Wunder, es ist ja Donnerstagmorgen um halb sieben.

»Dieter, du Arschloch«, melde ich mich. »Erschreck mich nie wieder so!«

»Hier ist nicht Dieter, sondern die Rechtsabteilung von VW«, kommt es ungehalten zurück. »Aber wo Sie es schon erwähnen: Ist da das Arschloch, das mit unserem Pförtner die Schnapsidee mit den Abgaswerten ausgeheckt hat? Ich sage nur so viel: Das wird teuer für Sie.«

Ich lege auf, weil ich gerade beide Hände brauche, um mich am ganzen Körper zu kneifen. Aber es hilft nichts. Offenbar bin ich jetzt wirklich wach.

Es klingelt schon wieder.

»Das ist alles ein großes Missverständnis, Herr Volkswagen«, schreie ich ins Telefon, aber diesmal ist es Dieter.

»Erinnerst du dich noch, wie ich dir vor Jahren erklärt habe, wie man zig Milliarden Euro im Jahr verdienen kann, wenn man beim Abgasmessen ein bisschen den digitalen Finger auf die Waage hält? ›Das fällt doch sofort auf, so blöd ist doch keiner‹, hast du gesagt.«

Triumph tropft aus seiner Stimme, und darauf liegt eine dicke Zuckerschicht aus Genugtuung.

»Ich erinnere mich an gar nichts«, sage ich schnell.

»Das ist gut. Ich nämlich auch nicht«, antwortet Dieter und legt zum ersten Mal auf, ohne eine neue Geschäftsidee zu präsentieren.

Von Vollidioten und Vollautomaten

Es ist wirklich ein sehr schöner Kaffee, das muss ich zugeben.

»Das hast du aber wirklich ganz toll gemacht«, lobe ich, denn die Barista ist erst sechs Jahre alt. Der Vater nickt stolz. »Ich habe immer gewusst, dass sie für irgendwas hochbegabt ist, aber bislang war noch nicht ganz klar, wofür«, flüstert er.

Schwarz glänzend wie Onyx steht der Kaffee in der Tasse, und darüber schwebt zart ein Spitzenhäubchen aus aufgeschäumter Milch. Mit einem Herzchen drin.

Mit dem Löffelstiel in die Crema geritzt oder so.

Keine Ahnung, wie man das macht. Ich kann so was nicht.

Mir hat meine Oma nämlich noch beigebracht, dass man mit Essen nicht herumspielt, und das galt auch für Heißgetränke. Wobei die Warnung vollkommen überflüssig war. Denn das Essen meiner Oma war viel zu furchteinflößend, um als Spielkamerad zu taugen. Nur ein einziges Mal habe ich meinen Teller heimlich mit aufs Zimmer genommen und mir aus den ledrigen Klößen einen Gefährten gebaut, mit Ärmchen aus Rübenschnitzen und einem lustigen Hütlein aus Grünkohl.

Danach muss ich eingeschlafen sein, doch erwachte ich bald von einem kratzenden Geräusch. Das Kloßmännlein schleppte sich auf seinen ausgekochten Schweinsfüßen in Richtung Bett, kniepte mich aus Speckgriebenaugen an und sprach mit der Stimme meiner Oma: »Ich brüh uns erst mal einen guten Bohnenkaffee auf, mein Junge. Für die Verdauung.«

»Auf gar keinen Fall«, schrie ich entsetzt, denn das hatte meine Mutter mir eingeschärft, bevor sie mich in den Zug zur Oma gesetzt hatte. Was immer man mir auch vorsetzen mochte, sollte ich doch niemals vom guten Bohnenkaffee kosten, und ich hielt mich dran.

Ich war eben kein Forschergeist wie Viktor Frankenstein, wobei man sagen muss, dass dessen wandelndes Leichenfrikassee um einiges appetitlicher ausgesehen haben dürfte als das, was meine Oma in ihrer Küche zusammenbrutzelte.

Manchmal sah ich meiner Großmutter dabei zu, wie sie blutjunge Kohlrabi in einem Bottich mit Mehltunke ertränkte. »Und zuletzt noch einen Stich gute Butter«, kreischte sie und griff mit irrem Lachen und der ganzen Hand in das Fass mit erstarrtem Tran, das sie vor dem Krieg einem durchreisenden Walfänger abgekauft hatte. Denn einfache Butter von einfachen Kühen war meiner Oma einfach nicht kalorienreich genug, da mussten schon ganze Wale ausgelassen werden.

Die Gerichte meiner Oma waren so schwer, dass ich die Gabel manchmal nur mit Mühe zum Mund heben konnte, aber genau dies galt ihr als Beweis, dass ich noch nicht kräftig genug war, sodass ich umgehend mit Nachschlag rechnen musste.

Und genau wie Frankensteins Monster hatte das Essen meiner Großmutter keinen Namen. Es hieß nicht mal Suppe oder Eintopf, sondern war namenloses Grauen, eine graubraune Schlotze, in der Graupen, Raupen oder Schrauben dümpelten, so genau konnte man das nie erkennen.

Nur einmal ging meine Mutter in die Küche, hob den

Deckel und sagte mit Blick auf das Massaker von zerfetzten Hühnerbeinen: »Na, gibt's heute wieder Ausgebombt?«

Meine wortkarge Oma nickte, denn so war sie drauf, die Kriegsgeneration. Statt sich die erlebten Traumata beim Analytiker von der Seele zu reden, hat meine Oma den ganzen Wahnsinn Tag für Tag am Herd nachgestellt. Joseph Beuys hat Museen mit Fettbergen vollgerümpelt, meine Oma hat sie halt gekocht.

So war das früher. Denn früher war beileibe nicht alles besser. Vieles war früher scheißer.

Und das Scheißeste war, dass man nach diesem Fettflächenbombardement »gutbürgerlich« nirgendwo einen anständigen Kaffee kriegen konnte, um den fußballgroßen Meisenknödel aus Talg aufzulösen, der sich im Magen gebildet hatte. Denn der Kaffee der alten Bundesrepublik war kein belebendes Getränk, sondern eine rituelle Selbstbestrafung, mit der man sich die Kriegsschuld aus den Eingeweiden zu ätzen versuchte.

Der angeblich »gute Bohnenkaffe« (mit kurzem e) jedenfalls, den meine Oma in Wahrheit aus Eicheln, Teerklumpen und Motoröl zusammenkloppte, wurde erst serviert, wenn er sieben Stunden auf der Warmhalteplatte der Kaffeemaschine gestanden hatte und dort zu dickflüssigem Sirup verschmurgelt war.

Man konnte literweise Dosenmilch reingießen, ohne dass er die Farbe geändert hätte.

Er blieb ein rabenschwarzes Loch in Tassenform, das sämtliches Licht aus der Welt und alle vier Klappen aus den Herzen fraß. Allerdings half er wirklich bei der Verdauung, aber dies gereichte dem Patienten nur zum Vorteil, wenn er sich wirklich in unmittelbarer Nähe der Toilette aufhielt.

Und wirklich niemand wäre auf die Idee gekommen, ein Herz in diese ehrfurchtgebietende Substanz zu ritzen, obwohl es wegen der Konsistenz absolut möglich gewesen wäre.

So war das nämlich früher.

Ich bekomme meinen sehr schönen, zeitgenössischen Kaffee gereicht und werde seltsam angeschaut. »Du machst dem Kind Angst«, sagt Herr Thomsen.

Es kann wohl sein, dass ich ein bisschen zu laut über früher nachgedacht habe.

Aber Kinder haben ein Recht zu erfahren, wie es früher war, auch wenn sie dabei sehr oft angelogen werden. Das mit dem Kaffee hat aber tatsächlich gestimmt, der war wirklich furchtbar.

Heute dagegen gibt es überall Kaffeevollautomaten auf gastronomischem Spitzenniveau, die kinderleicht zu bedienen sind. Und mit »kinderleicht« meine ich, dass ausschließlich Kinder sie bedienen können.

Denn diese Geräte haben Touchpads, die viel zu filigran sind für unsere groben Arbeiterhände. Und mit Arbeiterhänden meine ich die von Herrn Thomsen und mir, wobei der eine Informatiker ist und der andere sich unter Literaturvorwänden aus der Arbeitswelt gestohlen hat, aber es funktioniert trotzdem nicht.

Herr Thomsen hat sich nämlich gestern ein chromblinkendes Kaffeemonster zum Preis eines Einfamilienhauses von nämlicher Größe in seine Küche stellen lassen. Ich persönlich hatte zunächst vermutet, es sei der Kühlschrank, und hatte deswegen versucht, ein Bier herauszuholen, aber ich konnte keine Tür finden.

Meine nächste Vermutung war, dass es ein irgendwie

sprachgesteuerter Kühlschrank sein musste, weswegen ich laut und vernehmlich »Ein Bier, bitte«, dann »Ein Bier, aber dalli« und anschließend »Ich weiß selber, dass ich weniger trinken wollte, aber das geht dich einen Scheißdreck an, du verfickter Kühlschrank« sagte, wenn nicht sogar ein bisschen brüllte.

Dergestalt seine Inneneinrichtung anschreiend, fand mich Thomsen in seiner Küche vor, verlachte mich erst ausgiebig und klärte das Missverständnis anschließend auf.

»Ach so«, sagte ich. »Dann nehm ich wirklich einen Kaffee. Bier kann man ja danach noch trinken.«

Denn so geschieht es regelmäßig, wenn sich Thomsen und ich auf einen Kaffee verabreden. Der zweite Kaffee ist oft ein Bier. Manchmal ist sogar der erste Kaffee ein Bier.

Hierauf wurde Herr Thomsen jedoch seltsam kleinlaut und griff in den echten Kühlschrank, um mich mit unserem Stammgetränk abzulenken. Ich aber hatte den Braten schon gerochen und forderte umso lautstärker Kaffee.

»Einen Americano hätte ich gern oder einen Flat White. Oder lieber doch einen Cortado?«

Natürlich hatte ich keine Ahnung, was ich damit genau meinte, aber ich musste Thomsen gerade unbedingt beweisen, dass ich mich sehr wohl mit einiger Gewandtheit im Here and Now der kulinarischen Zeitgenossenschaft bewegte.

»Ich habe noch nicht herausgefunden, wie das Ding funktioniert«, knirschte Thomsen mit zusammengebissenen Zähnen.

»Wie? Was?«, fragte ich beglückt nach. »Das habe ich leider akustisch nicht verstanden. Kannst du das bitte wiederholen, vielleicht sogar schriftlich?«

»Ich krieg die Maschine irgendwie nicht ans Laufen«, gab er zu.

»Das teure Studium! Vollkommen umsonst«, jubelte ich. »Wenn der feine Herr Informatiker nicht mal 'ne intelligente Kaffeemaschine bedienen kann.«

»Das ist ein Vollautomat«, belehrte mich Thomsen.

»Und du bist ein Vollidiot, nananana!«, sang ich, denn ich war gemein. Gemein, aber glücklich. So wie damals auf dem Pausenhof, als ich Computerpionier Thomsen noch ungestraft als Lötkolbenhirni verspotten durfte, der sein Leben an kindische Rechnerbastelei verschwendete, statt mit mir höchst erwachsen auf einem rollenden Brettchen um die Bushaltestelle zu kurven.

Aus Rache ist Thomsen stinkreich geworden und hat mich später jahrzehntelang wegen meiner Technikbehinderung gehänselt, während er mal wieder meinen Router installierte oder Schädlinge von meiner Festplatte putzte.

Und auf einmal war er genauso aufgeschmissen wie ich.

Vom hohen Ross gestoßen von einem simplen Küchengerät.

Dass ich das noch erleben durfte!

»Es ist das Alter, mein Freund«, sagte ich, und Thomsen schaute auf seine Hände. »Früher haben diese Hände Platinen verlötet und tote Flipperautomaten zum Leben erweckt, und jetzt kriegen sie nicht mal mehr die Kaffeemaschine an. Ich glaube, ich habe mein Technik-Mojo verloren. Muss ich jetzt sterben?«

Exakt dies aber war der Moment, in dem sich unbemerkt Herrn Thomsens sechsjährige Tochter an uns vorbeischob, beiläufig mit den Patschehändchen über das Bedienfeld der Maschine wischte, worauf das Ding brummte und diesen wirklich extraordinär feinen Kaffee ins bereitgestellte Tässchen fallen ließ. Das mit dem Tässchen hatten wir Erwachsenen immerhin selbst hinbekommen.

»Möchtest du auch noch einen, Papa?«, zwitschert das Kind seinen Erzeuger an, und der nickt gerührt, aber schon etwas zittrig. Irgendetwas Seltsames geht hier vor.

Wieder wischt das Kind auf dem Apparat herum, und pronto lockt das Bohnenmalmen interessiertes Publikum an. »Wieso darf die Melli schon wieder mit der Maschine spielen und ich nie?«, fragt das Publikum. Es ist Kind Nummero zwo, das diese Worte spricht, und Mellis nur unwesentlich älterer Bruder Moritz quäkt sie mit der ganzen Wut der Benachteiligten und Bedrückten in die Welt.

Herr Thomsen schüttelt ein wenig zu hektisch den Kopf, worauf sein Kaffee überschwappt.

Melli schnappt sich die Tasse und lässt sie erneut volllaufen.

»Wenn ich keinen Kaffee machen darf, krieg ich aber ein eigenes Smartphone!«, ruft der Bruder. »Nicht schon wieder«, stöhnt Herr Thomsen. Neulich hat sich Moritz geweigert weiterzuatmen, wenn er kein eigenes Smartphone bekommt. Natürlich hat er irgendwann aufgeben müssen. »Aber da war er schon ziemlich blau angelaufen«, hatte Herr Thomsen berichtet. Ich möchte auf keinen Fall, dass sich das Kind vor meinen Augen versehentlich einen Hirnschaden ertrotzt.

»Na gut, ich nehm noch einen Kaffee, den darfst du dann machen«, sage ich, bevor Thomsen abwehrend die Hände heben kann. Auch der siebenjährige Moritz beherrscht die Maschine aus dem Effeff, und natürlich möchte er seine

Schwester übertrumpfen. Allerdings fehlt ihm die Feinmotorik beim Verzieren, was der Junge mit Opulenz wettzumachen versucht. Ich bekomme also ein Getränk, das genau wie die gesamte Küchenzeile überreichlich mit Kakaopulver, Liebesperlen und Röstzwiebeln bestäubt wird. Ich lobe ihn trotzdem überschwänglich, damit Moritz kein Gewalttäter werden muss, wenn er mal groß ist.

»Jetzt hat der Morri aber sieben Kaffee und ich bloß sechs gemacht. Das ist unfair«, wendet die Melli ein.

»Gar nicht«, nölt der Morri und versucht, mit beiden Händen den Zwischenstand nachzurechnen. Sein Feld der Hochbegabung muss offenbar noch erschlossen werden, in der Mathematik liegt es jedenfalls nicht, und als Barista dürfte er zu experimentell für den Massengeschmack sein.

»Doch, Morri, die Melli hat recht«, rülpst Herr Thomsen sehr säuerlich. »Es waren wirklich sieben.«

»Wer hat denn die alle getrunken?«, frage ich, und erst da fällt mir auf, wie ungesund wach Thomsen aussieht. Schweißperlen stehen auf seiner Oberlippe, das linke Augenlid flattert.

Seine Tochter Melli wirkt genauso übersteuert, aber nicht, weil sie zu viel Kaffee getrunken hat, denn der ist aus Gründen des Kindeswohls offenbar komplett in Herrn Thomsen verklappt worden. Vielmehr bereitet sich Melli auf einen Wutanfall vor, der Awareness dafür schaffen soll, dass ihr Bruder in skandalöser Weise bevorzugt wird.

»Sieben!«, quiekt sie und schraubt ihr Stimmchen in Hochtonfrequenzen, die Fledermäuse vom Himmel holen könnten. »Dann will ich auch sieben. Sonst gildet es nicht!«

Herr Thomsen wendet einen beeindruckenden pädagogischen Kniff an, um sich gegenüber seiner Tochter zu behaupten, die sich mittlerweile greinend auf dem Boden wälzt. Er streckt augenblicklich die Waffen, verkleidet seine Kapitulation aber geschickt als Machtwort.

»Aber danach ist endgültig Schluss«, spricht er streng, aber Melli beachtet ihn eh nicht, weil sie wieder Kaffeemachen spielen darf. Sie ist wirklich sehr begabt, diesmal zaubert sie einen kleinen Totenkopf in den Schaum. Kurze Zeit später schauen ich und die Kinder gebannt zu, wie Herr Thomsen die Tasse an die zitternden Lippen führt.

»Ich glaube, diesmal explodiert er«, wispert Moritz, und tatsächlich sondert Thomsens Magen gefährlich grollende Laute ab, als der Koffeinnachschub anrollt. Es klingt, als kalbte gletschergleich seine säurezerfressene Magenschleimhaut. Die Kinder bekommen fast so etwas wie Respekt vor ihrem Vater. Jedenfalls gehen sie hinter dem Küchentisch in Deckung.

Es ist dann aber doch nicht Thomsen, der explodiert. Im Zuge der Befüllung haben die Kinder offenbar wesentlich mehr Kaffee in sämtliche Öffnungen der Maschine gepresst, als ihr zuträglich war. Und so war irgendwo im Gehäuse ein Überdruck entstanden, der sich gerade in einer braunen Fontäne an die Küchenwand entlädt.

Bewundernd schauen wir den kaffeebraunen Rorschachtest an, der langsam und in rätselhaft symmetrischer Schönheit von der Wand tropft. Thomsen kneift die Augen zusammen: »Sieht aus wie das Frankenstein-Monster.« Ich deute das Geklecks lieber küchenpsychologisch aus: »Mich erinnert es an ein Gericht meiner Oma.« Dann reicht mir Freund Thomsen ein Bier und einen Lappen.

Die Hunde der Empfindsamkeit – einige literarische Versuche zum weiblichen Schnarchen

Ich kann nicht einschlafen, und das beunruhigt mich sehr.

Ich bin nämlich ein extrem versierter Schläfer, ein abgefeimter Pennprofi, der sogar dort ratzen kann, wo der Sandmann noch gar nicht gestreut hat.

Ich möchte nicht angeben, aber ich kann sogar einschlafen, wenn sich meine Decke im Laken zu einer Wurst verkrumpelt hat. Andere würden aufstehen, um ihr Unglück in die Welt hinauszuschreien oder die Lebensgefährtin zu wecken, damit sie Anteil nimmt und das Laken aufschüttelt, aber mich stört das alles nicht.

Ich bin der Paganini des Pofens, der Rembrandt der REM-Phase, ich bin Grandmaster Sleep und Lord Somnos vom Himmelbett.

Ich bin nicht Schlafes Bruder, ich bin Schlafes Vorgesetzter. Einpennen ist quasi meine Superkraft.

Nur jetzt gerade kann ich partout nicht einschlafen.

Meine Freundin dagegen schläft tief und fest.

Das hört man.

Man könnte fast meinen, sie schnarchte.

Aber meine Freundin schnarcht nicht. Nicht nur gerade nicht, sondern nie.

Schnarchen ist etwas, das meine Freundin aus Prinzip nicht tut.

Sie macht gelegentlich »entzückende Schlafgeräusche«.

Das ist das Äußerste, was sie zuzugeben bereit ist.

Einmal habe ich im Urlaub die entzückenden Schlafgeräusche meiner Freundin aufgenommen und ihr am nächsten Morgen vorgespielt.

»Das war ich nicht, das klingt eindeutig wie eine Motorsäge, die einen Olivenwald fällt, während im Hintergrund eine Schafherde einem asthmatischen Anfall erliegt«, hat sie behauptet.

»Aber ich war doch dabei!«, habe ich insistiert, aber meine Freundin hat wortlos aus dem Fenster gewiesen.

Und tatsächlich, der Olivenhain vor dem Haus war zu Kleinholz zersägt, und die Schafe, die gestern noch munter auf dem Hügel grasten, streckten mausetot ihre Hammelbeine in den Himmel.

Seitdem hüte ich mich, das Thema so direkt anzusprechen.

Außerdem stört mich ihr friedliches Schnurcheln nicht, denn ich könnte auch neben einem startenden Düsenjet einschlafen. Auch weil so ein Jet irgendwann abheben und leise surrend im Himmelsblau verschwinden würde.

Meiner Freundin ist dagegen noch immer keine Starterlaubnis erteilt worden. Deswegen lässt sie ihre Turbinen schon mal im Leerlauf heiß laufen, während ich hellwach danebenliege und nicht weiß, wie ich den Tower anfunken soll.

Ich brauche eine Sprachregelung, die das akustisch recht vollmundige Nicht-Schnarchen meiner Freundin zu würdigen imstande ist, ohne die schlafenden Hunde ihrer Empfindsamkeit zu wecken. Und während sie selig neben mir schlummert wie ein Reh, das ein Megafon gefrühstückt hat, ersinne ich eine erste Formulierung:

»Siehe, Tochter Zions«, könnte ich also sagen, *»dein Atem aber geht lieblich kollernd wie ein irdener Krug, der an eiserner Kette zum Brünnlein gelassen wird. Er gleicht dem Odem des Herrn Zebaoth, als er die fruchtbaren Auen Ägyptiens verdorren ließ.«*

Das ist zwar ganz schmissig, aber viel zu biblisch. Aber man kommt halt etwas alttestamentarisch drauf, wenn einem die ganze Nacht die Trompeten von Jericho ins Ohr blechbläsern.

Ein wenig Romantik könnte nicht schaden, um die Gemüter zu besänftigen. Natur! Hölderlin! Waldeinsamkeit und so! Aber Wälder sind bekanntlich sehr stille Orte, und über unseren Wipfeln spüre ich derzeit deutlich mehr als einen Hauch, ich brauche also eine Metapher für die ungebändigte, wilde Natur. So was wie das hier:

»Aber horch! Was rauschet herauf im schwarzen Gewässer? Wie herrlich! Wie groß! Der Behemoth! Zum Himmel schäumt und woget der Ozean, mit grausem Zischen braust der Sturm daher, wenn Leviathan aus den Tiefen steigt.«

Nee, das ist vielleicht ein bisschen zu mobydick aufgetragen. Außerdem könnte schon die bloße Andeutung eines Pottwalvergleiches unsere Beziehung belasten. Oder beenden.

Da könnte ich ja gleich behaupten, dass meine Freundin schnarcht.

Was ja nicht stimmt.

Das möchte ich hier noch mal betonen.

Von Schnarchen kann überhaupt keine Rede sein.

Vielleicht sollte ich es doch mal mit Realismus probieren, obwohl der mir so gar nicht liegt. Womöglich etwas nächtlich Noires, Dashiell-Hammett-Mäßiges:

»Es war wieder eine dieser Nächte. Das Hemd klebte mir schweißnass am Rücken, und gerade war auch noch diese Lady in mein Büro geflattert. Sie schien etwas auf dem Herzen zu haben, wollte aber nicht mit der Sprache herausrücken. Erst als die Unbekannte ihren Kopf in den Nacken sinken ließ und den Blick auf ein äußerst attraktives Gaumensegel freigab, durchfuhr mich die Antwort wie ein Stromschlag auf dem elektrischen Stuhl: In den Nebenhöhlen der Lady tummelten sich mehr Polypen als auf einem Polizeiball! Höchste Zeit für mich zu verduften.«

Nee, geht auch nicht. In Genderfragen ist dieser Hardboiled-Kram ja auch total rückständig.Wenn hier irgendeine Damsel in Distress ist, dann bin das ja wohl ich.

Jetzt kann eigentlich bloß noch Konkrete Poesie helfen. Ich stehe auf und male probehalber ein Gedicht an die Wand:

Eine Frau
Eine Frau und ein Geräusch
Ein Geräusch
Ein Geräusch und ein Kissen
Ein Kissen
Eine Frau und ein Kissen
Eine Frau und ein Geräusch und ein Kissen und
ein Mordversuch

Nee, so was würde in der Alice-Salomon-Hochschule in Berlin keine zwei Minuten an der Wand stehen bleiben. Das ist doch wieder dieser männliche Blick, mit dem die Frau zum Objekt gemacht wird, bloß weil die mal etwas lebhafter schläft, als das Patriarchat erlaubt.

Allerdings hab ich wirklich nix gemacht mit dem Kissen. Also, nix Verbotenes.

Meine Freundin atmet immer noch regelmäßig, wie jeder im Großraum Bonn hören kann.

Ich habe mein Kopfkissen bloß auf das Sofa im Wohnzimmer geworfen, weil ich ab jetzt da nicht einschlafen werde. Und während meine Freundin ihre Lautgirlanden serieller monovokalischer Onomatopoesie zu mir hinüberbranden lässt, beginnt es in meinem Kopf heftig zu jandln.

Bartels Bett bebt.
Bartel: Barum?
Bartels Bettbesuch brummt.
Bartel blökt.
Bartels Bettbesuch backpfeift.
Bartel barmt.

Irgendwie gefällt mir das Ende nicht. Es hat so was Ungeklärtes. Das mit dem Kissen hatte mir besser gefallen. Überhaupt ist Jandl so gar nicht meins.

Aber was hätte ein Rolf Dieter Brinkmann in so einer Situation geschrieben? Oder hätte er sich einfach überfahren lassen?

Und wie hätte Bukowski reagiert?

Das immerhin fällt mir ein, und ich lange nach der halb leeren Schnapsflasche unter dem Sofa. Zwei Zigarettenkippen dümpeln gemütlich in der Neige.

Ich stecke mir die aufgeweichten Kippen in die Ohren und bin schlagartig angetütert, weil mir der Schnaps ins Hirn diffundiert.

Und während ich halb trunken die Literaturgeschichte nach verwertbaren Formulierungen durchforste, geschieht es: Ich schlafe einfach ein.

Als ich die Augen öffne, steht meine Freundin vor mir und sagt: »Kannst du vielleicht etwas leiser schnarchen, das hört man ja bis drüben.«

Und ich antworte würdevoll: »Ich schnarche nicht. Nicht nur gerade nicht, sondern nie. Aus Prinzip nicht.«

Eine Beziehung. Zwei Systeme

Ich bin sehr, sehr hungrig. Aber ich habe dasselbe Problem, das meine unlängst verblichene Katze zu einem etwas anstrengenden Mitbewohner gemacht hat.

Ich bekomme den Kühlschrank nicht alleine auf.

In diesem speziellen Fall den Kühlschrank meiner Freundin. Ich krieg zwar auch meinen neuen Fernseher nicht alleine an, aber das liegt nicht am Fernseher, sondern am Alter. Also, an meinem. Und an den drei völlig identisch aussehenden Fernbedienungen für diesen ganzen Heimkinoscheiß mit DVD, DVB-T und Audiodings, von denen man aber eigentlich nur eine fürs Fernsehen braucht, ich mir aber nie merken kann, welche.

Auch wenn ich mich mal ohne Betreuung in einem Hotelzimmer wiederfinde, muss ich feststellen: Ich komme jetzt langsam in ein Alter, in dem ich fremde Fernseher nicht mehr ohne Weiteres allein ankriege. Das kenne ich von meiner Oma, die hatte das damals mit Videorekordern.

Radio und Fernseher mit drei Programmen hatte sie noch drauf, aber bei Video wurde schnell klar, das wird nix mehr, und kurz danach ist sie dann auch gestorben.

Deswegen mache ich mir ein bisschen Sorgen wegen meiner beginnenden Fernsehdemenz, aber das mit dem Kühlschrank ist schlimmer. Kühlschrank ist wichtiger denn Fernsehen und Hunger schlimmer als Netflix-Ausfall.

Natürlich bin ich intellektuell und dank regulärer anatomischer Grundausstattung von 2,0 Daumen durchaus in der Lage, eine Kühlschranktür zu öffnen.

Bloß diese halt nicht. Jedenfalls nicht, ohne das Leben meiner Freundin durcheinanderzuwirbeln.

Denn das hängt, so weit ich das überblicken kann, ziemlich vollständig am Kühlschrank. Es ist so: Meine Freundin hat ein Ablagesystem, bei dem sie alles, was irgendwie wichtig sein könnten, mit Magneten an die Kühlschranktür heftet. Und das darf nicht durcheinanderkommen, sonst verliert meine Freundin die Kontrolle über ihr Leben, sagt sie.

Ich verstehe das sehr gut, ich habe ein ganz ähnliches Ablagesystem, das aber ohne Magneten auskommt, weil es, die natürlichen Adhäsionskräfte der Schwerkraft ausnutzend, sehr horizontal auf dem Sofa basiert.

Dort liegen also in recht fluider Ordnung und frei assoziativer Systematik Steuerunterlagen, Rechnungen, Quittungen, Fahrkarten, Versicherungsscheine und Kontoauszüge des laufenden, sicher auch des letzten, womöglich gar des vorletzten Jahres oder Jahrhunderts, ein paar gebrauchte Kaffeetassen und Taschentücher sowie ein Meisenknödel. Was der Meisenknödel da soll und wie er dahin gekommen ist, weiß ich nicht; die Papiere liegen da, weil ich meine Abheftschwäche nur einmal im Jahr überwinden kann – am schlimmen, schlimmen Steuertag nämlich.

An diesem Tag loche ich alles, was sich auf dem Sofa angesammelt hat, zur Sicherheit inklusive Taschentücher und Meisenknödel, und hefte das Zeug in einen Ordner mit niedlichen Katzenmotiven, die die Sachbearbeiter des Finanzamtes in möglichst versöhnliche Stimmung versetzen sollen. Die werden sie nämlich brauchen, wenn sie entdecken, dass ich schon wieder versuche, meinen Locher als Sportgerät von der Steuer abzusetzen.

Ich denke aber, es schadet insgesamt nicht, wenn man mich beim Finanzamt für leicht beschränkt hält, und deswegen leiste ich alle Unterschriften stets mit Wachsmalern. Dafür klebe ich wahllos bunte Post-its in die Seiten, um eine vorangegangene intellektuelle Beschäftigung mit dem Papierkram vorzutäuschen. Denn mitmachen ist ja schließlich alles, das gilt auch bei der Steuer.

Seit einem kostspieligen Missverständnis vor einigen Jahren mache ich meine Steuererklärung auch nicht mehr allein, sondern trage meinen Ordner nach getaner Abheftmaloche in einer Art Bußprozession zum Steuerberater ans andere Ende der Stadt.

Der wiegt den Ordner dann, multipliziert das Gewicht mit der Anzahl der diesmal verlorenen Kontoauszüge und berechnet daraus die Quersumme, die ich als Steuern ans Finanzamt abführen muss. Zumindest glaube ich, dass er so vorgeht, denn es dauert immer bloß fünf Minuten, bis er mit verstörtem Gesichtsausdruck aus dem Büro kommt und mir mit spitzen Fingern meinen Kätzchenordner wieder in die Hand drückt.

Danach schreibt er mir eine Rechnung über das Zehnfache dieser Summe, die ich ihm zahlen muss, und den Rest des Tages habe ich frei, weil ich mich vom Abheften erholen muss.

Im Gegensatz zum vertikalen Kühlschrankablagesystem meiner Freundin ist es trotzdem ein fantastisches System. Man kann zwar im Wohnzimmer nicht lüften und hat kein Sofa mehr – aber man verhungert wenigstens nicht.

Der Kühlschrank meiner Freundin taugt dagegen kaum

noch zur Nahrungsmittelversorgung, vielmehr hat er sich zu einer biografischen Installation ausgewachsen, zu einem gewaltigen Zettelkasten Arno Schmidt'schen Ausmaßes, in dem fingerdicke Konvolute aus Papieren, Notizzetteln und Fotos von winzigen Marienkäfermagneten in höchst prekärer Ordnung gehalten werden.

Ich brauche das Ding nur anzuschauen, und schon segeln erste Zettelchen zu Boden, worauf ein Zahnarzttermin oder ein politisch hochsensibler Geburtstag verschwitzt wird und meine Freundin Schnappatmung bekommt.

Trotzdem will sie die haushohe Überlegenheit meines Ablagesystems partout nicht anerkennen. »Ist doch überhaupt kein Problem, wenn man ein bisschen vorsichtig ist!«, behauptet sie und klappt den Kühlschrank demonstrativ auf und zu.

Tatsächlich fällt kein einziges Blättchen herunter, aber die Sache geht so schnell, dass ich zwar einen Blick auf die Nahrung im Kühlschrank erhaschen, aber nicht reinlangen kann – und schon ist mir die Kühlschranktür so fest verschlossen wie der Eiserne Vorhang zu seinen eisernsten Zeiten.

Von Hunger und der sattsam bekannten Eskalationslogik im Systemkampf getrieben, gehe ich in die Offensive. Ich schiebe selbst die Hand in den Papierwust und ziehe am Türgriff.

Erst einmal tut sich gar nichts, und meine Freundin triumphiert. Dann aber löst sich mit sattem Schmatzen die Gummidichtung. Vom Rückstoß befeuert, klackern die Magneten zu Boden, und sämtliche Blätter fallen wie radioaktiver Fallout nach einem nuklearen Erstschlag, unversehens hält der atomare Herbst Einzug, vor allem in unsere Beziehung.

Eisig schweigend sortiert meine Freundin den Laubhaufen ihrer Existenz, während ich diese Zeilen schreibe. Als ich mich vom Schreibtisch erhebe, entdecke ich, dass sie auch mein Ablagesystem ganz neu geordnet hat.

»Was hast du getan?«, frage ich meine Freundin, die auf dem mittlerweile freigeräumten Sofa liegt. Sie deutet aus dem Fenster, und ich sehe noch, wie die Müllabfuhrleute den Inhalt unserer Papiertonnen in ihr Fahrzeug wuchten. Der Steuertag muss in diesem Geschäftsjahr also ausfallen, aber ich bin sicher, das Finanzamt hat Verständnis.

Mein Leben als Bandscheibe – ein Physiotagebuch

Erste Behandlung:

»Wer war die Bandscheibe?«, ruft die Krankengymnastin durchs Wartezimmer, und ich hebe die Hand. Ich bin nämlich neuerdings die Bandscheibe. Vor Kurzem dachte ich noch, Bandscheiben seien diese runden Dinger aus dem Baumarkt, mit denen die Heimwerker in meinem Viertel am Samstagmorgen bei offenem Fenster Fliesen zersägen. Aber dann machte es knack! in meiner Halswirbelsäule, und seitdem bin ich Bandscheibe.

Immerhin müsste ich jetzt endlich als erwachsen gelten, wofür sich außer meinem Geburtsdatum bislang noch keine stichhaltigen Beweise ergeben hatten. Aber jetzt: bitte sehr, Bandscheibe! Extrem stichhaltig zwischen dem zwoten und dritten Lendenwirbel! Ich bin sogar weit mehr als bloß erwachsen, stellt sich heraus: Die Bandscheibe ist die Jugendweihe des Nachwuchsseniors. Ich habe im Spiel des Lebens ein paar Felder übersprungen und bin gleich im goldenen Herbst der Frühvergreisung gelandet. Endlich darf ich mit den anderen Veteranen von der großen Lumbago-Schlacht, dem Arthrose-Feldzug und dem Scharmützel am Spinalnerv schwadronieren. Denn die Bandscheibe ist die Kriegsverletzung des Sitzarbeiters, das Schrapnell im speckigen Torso des angejahrten Schreibtischtäters, und weil er ein Mann und keine Memme ist, redet er wahnsinnig gern drüber. Frauen dagegen haben gar keine Bandscheiben, glaube ich, oder ihnen fehlt die Gabe zum mimosenhaften Martyriumsmonolog des mannhaften Mimimi.

So was denke ich, während ich die anderen Wartenden im Mindestabstand umkurve, denn es ist nicht nur Bandscheibe, sondern auch immer noch Corona. Immerhin sind die Lädierten leichter zu umkurven als die Springteufel aus dem Supermarkt.

»Sie bewegen sich ja noch ganz flott«, lobt die Therapeutin, weil ich mit Mühe einen Greis mit Rollator abgehängt habe. In den kommenden Wochen werde ich für einfachste Verrichtungen gelobt werden. Immer wenn ich das Ärmchen hebe oder das Rümpfchen beuge, wird meine Therapeutin begeistert in die Hände klatschen und betonen, wie schön ich das mache.

Doch da irrt sie, denn es ist nicht schön. Ich werde nämlich genau beobachten können, wie ich bäuchlings über einem grünen Gymnastikball liege, der sich unter meinem Gewicht zu einer Gymnastiklinse verformt, und gegen den entschiedenen Wunsch der Schwerkraft mit Extremitäten zu wedeln versuche, denn die Folter wird stets vor einem mannshohen Spiegel vollzogen.

Damit ich meine Bewegungen überprüfen kann, wie es offiziell heißt. Dabei will man mich bloß brechen, um mich anschließend vollkommen neu aufzubauen. Denn bisher habe ich alles falsch gemacht, wie es scheint.

»Müssen Sie beruflich viel sitzen?«, fragt die Therapeutin. Ich nicke und verschweige dabei, dass ich auch nach Dienstschluss gern mal im privaten Rahmen sitze. Manchmal habe ich im Sitzen sogar einen sitzen, so sitzverliebt bin ich. Sitzen ist gewissermaßen mein Hobby.

»Sitzen ist das neue Rauchen«, meint die Therapeutin. Ich nicke und verschweige, dass sie meine beiden Hobbys gerade zu einem einzigen zusammengefasst hat.

»Und, was machen Sie sonst so?«, fragt die Krankengymnastin. Ich schweige. Es ist ja nichts mehr übrig von mir, was ich noch erzählen könnte.

Zweite Behandlung:
»Ich bin sehr beweglich. Ich hatte Gymnastik und Tanz als Schwerpunktsportart in der Schule«, kläre ich meine Physiotherapeutin auf. Das entspricht zwar erstaunlicherweise der Wahrheit, allerdings unterschlage ich dabei, dass ich alle anderen Kurse schon verschlissen und den Schwerpunkt eher künstlerisch als sportlich gesetzt hatte. Ich unterschlage auch, dass ich seit meiner Pogo-Performance »Dirty Dancing – eine Dekonstruktion« lebenslanges Jazzdanceverbot habe und Gymnastikkeulen nicht mal mehr angucken darf.

»Na, dann passen Sie mal auf«, meint die Therapeutin und turnt vor. Das soll ich gleich nachmachen. Sie hebt den rechten Fuß hinters linke Ohr, schlingt ihr Knie um das Kinn und schiebt den Kopf unter der rechten Achselhöhle hindurch, dann verliere ich den Überblick. Aber die Feinheiten kann ich ja improvisieren, das Wesentliche habe ich mitbekommen. Ich fasse mir mit der linken Hand ans rechte Ohr und schaue meine Therapeutin triumphierend an. Für die Aufnahme in den Kindergarten hatte das damals gereicht, wenn ich mich recht erinnere.

Auch meine Therapeutin ist begeistert. Sie klatscht in die Hände und lobt mich überschwänglich mit einer Stimme, die eigentlich für Bastelarbeiten unheilbar kranker Kinder reserviert ist: »Schön haben Sie das gemacht«, gurrt die

Therapeutin. Das Lob wirkt, ich fühle mich sofort unheilbar krank.

Dritte Behandlung:
Heute machen wir Übungen zur Dehnung der Brustwirbelsäule. »Achten Sie ganz genau auf meine Brust«, sagt die Therapeutin, weil ich die Übung gleich nachmachen soll.

Ich schaue auf unaufdringliche und vor allem nicht sexualisierte Art auf die Brust meiner Therapeutin. Das ist überhaupt kein Problem für mich. Normalerweise echt nicht, ich bin ja auch nicht mehr fünfzehn.

Anders sieht es allerdings aus, wenn man sich selbst beim Brustbeobachten beobachten muss, weil man vor einer mannshohen Spiegelwand steht. Das ist genau eine Metaebene zu viel, um noch annähernd unverkrampft zu wirken. Fragen drängen sich inquisitorisch auf: Gilt das noch als Gucken oder ist das schon Starren, Sportsfreund? Ist das noch Brust, oder sind das schon Brüste? Um mich nicht weiter dem selbst attestierten Starrvorwurf auszusetzen, beginne ich plötzlich, aus den Augenwinkeln zu schielen, und sehe endgültig aus wie ein debiler Triebtäter.

Ich probiere es deswegen mit einem distanziert ironischen Blick auf die sich beugende Büste.

Das macht es nicht besser. Ich kneife die Augen zusammen, aber das wirkt überkritisch. Ich bin schließlich kein Anatomieskeptiker, der überall Fakes wittert. Es handelt sich übrigens um vollkommen faktische Brüste. Zumindest soweit ich das beurteilen kann, ohne hinzusehen. Denn ich bemerke plötzlich, dass ich angestrengt aus dem Fenster starre. Erstaunlicherweise sehe ich immer noch Brüste. Ich bin wohl doch immer noch fünfzehn. Doch plötzlich fährt der Busen weiter. Er war bloß auf einen Lkw geklebt. Eine Spedition wollte mittels Anatomiefotografie auf ihre Dienstleistungen aufmerksam machen.

»Hatten Sie gewusst, dass es einen Markt für Oben-ohne-Umzüge gibt?«, frage ich meine Physiotherapeutin. Nein, das hat sie nicht gewusst.

Vierte Behandlung:
»Können Sie kurz so bleiben, das muss ich den Kollegen zeigen«, sagt der Therapeut.

»Klar, kann ich«, presse ich hervor. Ich kann nicht nur, ich muss sogar, denn ich habe mich versehentlich in eine höchstwahrscheinlich irreversible Körperhaltung begeben. Sie ist sehr schwer zu beschreiben. Irgendetwas zwischen Hocken, Kopfstand und Halbnelson, verquickt mit Yoga-Posen wie dem herabschauenden Hund oder dem gestrandeten Wal. Ohne fremde Hilfe werde ich jedenfalls nicht wieder hochkommen, zumal ich mich linksbeinig versehentlich in einer Sprossenwand verflochten habe. Mittlerweile sind die Kollegen zusammengetrommelt und stehen um mich herum.

»Ist das sein Rücken?«, fragt jemand und tippt an meine Hüfte. »Wie hat er denn das geschafft?«, will jemand anderes wissen. Das wüsste ich selber gern. Ich kann mich nur noch daran erinnern, dass dieser sehr junge Typ ohne ein Gramm Körperfett hereinstolziert kam und sich als mein neuer Physiotherapeut Malte vorgestellt hat. Dann hat er mich angeschaut und herablassend gesagt: »Na, dann wollen wir mal gucken, was Sie in Ihrem Alter überhaupt noch an Bewegungsfähigkeit haben!«

Es kann sein, dass ich in dieser Situation ein klein wenig kompetitiv reagiert habe.

Fünfte Behandlung:
Heute stärken wir meine Tiefenmuskulatur, sagt meine Physiotherapeutin.

»Och, ich hätte aber lieber Höhenmuskulatur«, antworte ich. »So Bizepshuckel halt.«

Sie verdreht die Augen und reicht mir winzige Hantelchen. Ich lache guttural.

Mit diesen albernen Hanteln soll ich ein paar Übungen für weniger beanspruchte Muskelgruppen machen. Ich lasse mir natürlich schwerere geben.

»Das könnte aber etwas schmerzhaft werden!«, sagt die Physiotherapeutin, und ich lasse noch einmal mein gutturales Freibeuterlachen erklingen.

Am nächsten Morgen bin ich gelähmt. Ich habe Muskelkater an Stellen, die streng genommen gar nicht als Körperstellen gelten, weil sie sich nicht im selben Raum befinden wie mein Körper. Es ist mehr so ein kosmisches Aua.

Eine Woche später kann ich wieder aufstehen und nehme meinen nächsten KG-Termin wahr. Die Therapeutinnen und Therapeuten betrachte ich jetzt mit anderen Augen. Sie alle haben Tiefenmuskulatur. Man sieht sie nicht, man braucht sie nicht, aber es tut furchtbar weh, welche zu kriegen. Ihre Ausbildung bedeutet spirituelle Übung, bei der man keinen weltlichen Lohn erwarten darf, bloß endlosen, bohrenden Schmerz. Demütig empfange ich von der Gymnastin das allerkleinste Hantelchen. Ich bin nur ein unwissender Novize, und der Weg zur Erleuchtung der muskulären Tiefe ist steinig und voller Pein. Sobald die Therapeutin nicht hinschaut, schummele ich trotzdem bei den Übungen.

Sechste Behandlung:
Ich soll in eine Art Liegestütze gehen und dann Arme und Beine in die Höhe heben, sagt die Therapeutin. Ich gehorche prompt, weil ich endlich mal wieder gelobt werden will, und falle aufs Gesicht. »Doch nicht alle gleichzeitig«, meint sie augenrollend. »Sondern über Kreuz, jeweils nur einen Arm und ein Bein.«

Ach so. Das muss einem doch gesagt werden. Ich hab das schließlich nicht studiert, ich hab ja nicht mal Tiefenmuskulatur.

Ich versuche es also über Kreuz. Für mich persönlich natürlich kein Problem, bloß mein Körper versteht es nicht. In der Physio erfährt man so viel Neues über sich selbst: Bei mir ist es zum Beispiel so, dass ich zwar über ein abgeschlossenes Hochschulstudium verfüge, aber zu blöd bin, gleichzeitig den rechten Arm und das linke Bein zu heben.

Mein Körperkoordinationszentrum ist davon vollkommen überfordert, will es aber nicht zugeben und schleudert stattdessen wahllos Gliedmaßen in die Höhe. Dabei entsteht das expressionistische Ballett »Die fette Spinne tanzt den Adolf Hitler«, bis ich wieder aufs Gesicht falle.

»Wenn man sich ein wenig konzentriert, geht es besser«, meint die Therapeutin.

Ich gehe in mich, konzentriere mich auf die Muskelstränge in meinem Körper, werde eins mit meinen Nervenbahnen, sause als elektrischer Impuls vom Hirn bis in die Fingerspitze. Jetzt geht es tatsächlich besser. Ich hebe erst den linken Arm und dann das rechte Bein. War das wirklich das rechte Bein? Ich schaue in den Spiegel, um meine Haltung zu überprüfen. Schon wieder falsch, es war doch das linke. Jetzt hebe ich wirklich das rechte Bein und schaue wieder in den

Spiegel. Jetzt habe ich vergessen, das linke Bein wieder runterzunehmen.

Seltsam, jetzt hat bloß noch meine rechte Hand Bodenkontakt. Offenbar hab ich irgendwie die Schwerkraft überlistet. Wahrscheinlich hat die Schwerkraft, genau wie meine Therapeutin, die Geduld mit mir verloren, weil es immer ewig dauert, bis ich Gliedmaßen inventarisiert habe.

»Mache ich das so richtig?«, frage ich unsicher, aber die Therapeutin ist sich schon wieder einen Kaffee holen gegangen. Jetzt hebe ich auch noch den rechten Arm und schwebe über dem Boden. Geil. Ausgerechnet ich habe das yogische Fliegen gemeistert. Generationen von Sidhies und Sadhus haben sich dafür erfolglos den Arsch platt meditiert, und ich schwebe einfach so vor mich hin. Ich fliege aus dem offenen Fenster, drehe eine Runde über der Stadt, rufe den Weltfrieden und das Ende von Corona aus, bis mich die Stimme meiner Therapeutin zurückruft.

»Boah. Ich glaub das ja nicht«, stöhnt sie. »Ist der schon wieder eingepennt.«

Mit Greta nach Kreta

»Wir sollten das vielleicht lieber lassen mit dem Fliegen«, sagt meine Freundin, und natürlich hat sie recht. Trotzdem ist der Zeitpunkt für die Umsetzung dieses prinzipiell nachvollziehbaren Klimatschutzgedankens nicht gerade ideal gewählt, denn wir stehen schon mit dem Koffer in der Hand am Flughafen.

Und zwar nicht etwa da, wo man notfalls mit dem Bus nach Hause kommt, weil die innere Thunberg das eigene Gewissen wegen der anstehenden Klimaapokalypse willfährig gepeitscht hat, sondern durchgebräunt und rückflugbereit am kretischen Touristenverklappungsterminal.

Und um Kreta ist jetzt mal richtig viel Wasser drum, da streckt auch der ausgefuchsteste ÖPNV die Waffen des Nahverkehrs, weswegen meine innere Thunberg ursprünglich eine Urlaubsgestaltung im Wirkungskreis des heimatlichen Verkehrsverbundes angemahnt hatte.

Eine Radtour durch das Bergische Land hatte ich als schal vernünftelnden Urlaubsersatz zur Hellenenherrlichkeit vorgeschlagen, dabei könne man wesentlich nachhaltiger, ökologischer und wertiger entspannen als am überlaufenen Mittelmeerstrand inmitten dumpf bratender Neckermänner und Neckerfrauen.

Derart moralisch hochpoliert laberte ich unter dem Eindruck der wacker streikenden Future-Kinder daher, denen man ja wirklich noch ein bisschen Planet zum Versaubeuteln übrig lassen muss. Fingerdick stand mir die Flugscham ins Gesicht gespachtelt und wogte in meinem Busen, aber nur weil ich jenes Gefühl hegte, musste ich ja nicht gleich danach handeln, oder? Wo kämen wir denn da hin? Wer war man denn?

Ein in sämtlichen abendländischen Heucheltechniken versierter Mitteleuropäer war man, dem die Gefühlsrepression seit Jahrhunderten ins Stammbuch geschrieben stand. Als zumindest mittelalter weißer Mann konnte man so einen zarten Gefühlskeimling wie die Flugscham doch mit einer Arschbacke aussitzen, da hatte man schon ganz andere Kaliber weggedrückt. Und das wollte man auch unbedingt, denn ohne Flug waren die kretischen Gefilde für uns so unerreichbar wie die Rückseite des Mondes, die übrigens auch ganz zauberhaft sein soll, wenn man den Top-Bewertungen bei Tripadvisor Glauben schenken mag.

Als Armageddonhauptbeschuldigter und Flugschwein Nummer eins wollte man andererseits auch nicht vor dem freitäglichen Jugendgericht erscheinen müssen, einer von den Guten wollte man viel lieber sein, dies aber vorzugsweise als Herbstflüchtling am Sandy Beach von Paleochora bei 30 Grad im Schatten.

Die Flugscham musste also woanders abgeladen werden, und ebendies plante ich zu tun. Meine Freundin benickte pflichtschuldig, aber bar jeden Enthusiasmus meine Bergische Naherholungsdystopie. Sie wollte lieber nach Kreta, das war nicht schwer zu erraten.

Meine Freundin will immer nach Kreta, auf dem Zettel ihres persönlichen Glückskekses steht halt »Kreta« drauf. Bei mir steht wahrscheinlich »Sechs Bier und eine Tüte Nüsschen« drauf, aber ich habe nie nachgeschaut, weil ich die Achtung vor mir selber nicht vollständig verlieren will.

Ins Bergische radeln wollte ich deswegen noch lange nicht, den schwarzen Peter der Umweltsau aber lieber meiner Freundin unterschieben. Und so focht ich mein Scheingefecht eifrig weiter und sprach dies: »Ja, sind wir denn armselige Wichte, die ihre innere Leere mit wohlfeilem Postkartenidyll tünchen müssen, um hernach die Netzwerke mit Angeberbildchen vollzurümpeln und den Daheimgebliebenen die Armseligkeit ihres Daseins in die käsig gebliebene Schwarte zu reiben?«

Meine Freundin sah mich an, als sei ich betrunken, und das stimmte ja auch.

»Oh nein. So 'ne Typen sind wir nicht«, schwadronierte ich in den dingsten oder nümpften Retsina hinein, den ich zur unterbewussten Steuerung der Urlaubsplanung gereicht hatte. »Wir sind fantasiebehaftete Geistesmenschen voll inneren Reichtums, die auch im Nieselregen Erfüllung und Schönheit finden können.«

So log es aus mir heraus, während ich die kretischen Gestade keine Sekunde aus dem Blick verlor. Denn ich wusste ganz genau, dass mein Ansinnen chancenlos bleiben würde, wenn ich die abschreckenden Begriffe »Nieselregen«, »Bergisches Land« und »Radtour« nur oft genug wiederholte. Und das tat ich dann auch abendfüllend.

»Verstehe ich dich richtig?«, unterbrach meine Freundin meinen Bocksgesang irgendwann. »Du willst eigentlich auch nach Kreta, magst es aber nicht zugeben, damit ich allein ein schlechtes Gewissen wegen der Fliegerei habe, weil du ja angeblich nur aus Gefälligkeit mitgekommen bist?«

Ich nickte glücklich. Endlich hatte ich meine Freundin

auf den richtigen Dampfer beziehungsweise ins richtige Verkehrsmittel gesetzt. Es ist so wichtig, dass man einander in einer Beziehung nach Kräften unterstützt. Der eine trete in des anderen ökologischen Fußabdruck.

»Du bist so 'n Arsch«, sagte sie noch, aber da träumte ich schon vom Mittelmeer.

So ward es also beschlossen und höchst erfolgreich in die Tat umgesetzt, und deswegen stehen wir nun latent flugschambelastet, aber satt durchgebräunt und bedingt rückflugbereit am Flughafen von Heraklion. Zur gehabten Spätsommerfrische nur so viel: Es war sehr schön, das Wetter gut, die Einheimischen schmackhaft und das Essen gastfreundlich.

Weil wir Individualtouristen sind, logierten wir natürlich fernab der bösen Bettenburgen in einem kleinen Badeort am prachtvollen Arsch der Insel, der fast ausschließlich von mittelalten Paaren frequentiert wurde, die sich auch allesamt für Individualtouristen hielten. Man war also sehr unter seinesgleichen, auch wenn dieser Blick in den Spiegel der eigenen Alters- und Sozialkohorte nicht durchweg schmeichelhaft ausfiel.

So sah man also von außen aus.

Ein bisschen verzauselt und angejahrt, noch längst nicht von den Anfechtungen der Welt ins Bockshorn des Zynismus gejagt, aber doch von einer leutseligen Wurschtigkeit, die sich einstellt, wenn man das Zelt seines Lebens im vergleichsweise komfortablen Windschatten des allgemeinen Herumgeeumels aufgeschlagen hat. Insgesamt trotteten da durchaus nicht unangenehme Gesellinnen und Gesellen ihren hippiesken Beschäftigungen des Nacktbadens, Herumwanderns und Raki-Schlürfens nach, aber dass sich diese vergnügt altersleisen Schrate noch mal aufraffen würden, die

Welt zu retten, konnten wir uns nicht vorstellen. Nicht mal bei uns selber.

»Nee, ehrlich«, holt meine Freundin mich aus meinen Gedanken. »Wir sollten echt nicht fliegen. Guck dir das doch mal an.«

Und ich gucke mir das noch mal an. Das Meer, das Licht, die Berge, den ganzen übersungenen mediterranen Überwältigungsscheiß eben, der aber umso wirkmächtiger reinhaut, wenn am anderen Ende des Wurmlochs mitteleuropäische Herbstelei die Seele waidwund zu nieseln droht.

»Stimmt«, sage ich, »wir sollten echt weniger fliegen. Zumindest den Rückflug könnten wir uns beim nächsten Mal einfach sparen.«

II.

DIE BARTEL-APOKRYPHEN

Mein Leben als Brillenträger – eine reichlich unscharfe Kindheitserinnerung

Ohne Brille bin ich fast blind. Nicht bloß ein bisschen kurzsichtig, sondern maulwurfsblindschleichenblind. Mittlerweile ist meine Sicht auf minus 8,5 Dioptrien herabgesunken, und meine Hornhautverkrümmung ringelt sich einmal um den Äquator. Meine Netzhaut ist so krumm, dass man damit problemlos in die Zukunft sehen kann, aber wegen meiner Kurzsichtigkeit erkenne ich dort nichts, und so bleiben die Lottozahlen von morgen bloß ein verwischter Schatten. Dabei hatte meine Mutter mich gewarnt.

»Du verdirbst dir noch die Augen«, hatte sie immer gesagt, wenn ich es wagte, unter weniger als Flutlicht zu lesen. Zum Lesen musste man sich nämlich »richtig Licht« anmachen. »Richtig Licht« aber waren satte 3000 Watt gleißendster Leuchtkraft, abgestrahlt von einer Stehlampe, die vor ihrer Zeit in unserem Wohnzimmer irgendwo als Leuchtturm gedient haben musste. Man wurde augenblicklich blind davon, außerdem lockte das Ding ständig Überseedampfer an.

Diese Beleuchtung diente ausschließlich zum Lesen, und klappte ich das Buch zu, hieß es sofort: »Jetzt mach doch mal die Festbeleuchtung aus«, machte ich hingegen die Lampe bei geöffnetem Buch aus, schallte es: »Du verdirbst dir noch die Augen« – ganze Nachmittage bestritt meine Mutter bloß mit diesen beiden Sätzen. Ich hege bis heute den Verdacht, dass sie die Erziehungsarbeit hin und wieder einem Diktafon mit Lichtschranke überließ, konnte die Theorie damals aber weder bestätigen noch entkräften, weil meine Sehkraft längst ruiniert war. Wahrscheinlich von der Festbeleuchtung.

Eine Brille lehnte ich jedoch ab. Zwar hatte man mir schon als Kind eine verpasst, aber ich trug sie nicht, denn bereits der Weg vom Optiker nach Hause hatte mich traumatisiert.

Kaum, dass ich das »Nasenfahrrad«, wie die Jugend damals kess sagte, aufgesetzt hatte, war das herrlich weich gezeichnete Paradies, in dem ich mich gewähnt hatte, vor meinen Augen zerstoben. Wo vormals luftige Wolkenwesen durch zerfließende Aquarelllandschaften geschwebt waren, wackelten plötzlich unförmige Fleischklumpen vor eternitverkleideten Reihenhäusern herum – und zwar so gestochen scharf, dass man die schwarzen Talgplocken in den Nasenporen sehen konnte.

So sah die Welt also wirklich aus, und so sahen Menschen aus. Das waren nicht die anmutigen Gestalten in weitläufigen Gartenanlagen, die ich erwartet hatte.

In den brillenlosen Jahren meiner Kurzsichtigkeit hatte ich zudem einige Hypothesen aufgestellt, die sich plötzlich als falsch erwiesen.

Meine Grundschullehrerin, die ich mir immer als Vogelwesen vorgestellt hatte, war bloß ein Kartenständer, meine Mitschüler Stühle, die jemand auf Tische gestellt hatte. Offenbar war ich bei meiner Einschulung versehentlich in ein leer stehendes Klassenzimmer geraten und hatte seitdem nicht etwa dem Unterricht, sondern den Stimmen in meinem Kopf gelauscht.

Durchaus nicht zu meinem Nachteil, wie ich feststellen durfte, als ich kurze Zeit später erstmals mit Brille an einer regulären Schulstunde teilnahm. Man saß stumpf in einem heruntergekommenen Zweckbau und wurde mit Petitessen behelligt. Kein Vergleich zu den abenteuerlichen Unterweisungen in Zeitreise, Dschunkenbau und Alchemie, die ich mir bislang zurechtgesponnen hatte.

Außerdem waren nur Kinder anwesend.

In meiner alten Klasse war ich neben einem Rudel Zentauren, einer Handvoll Piraten, Raketenwürmern und einem Geisterschaf namens Gisela das einzige Kind gewesen, was meinen Horizont ungemein erweitert hatte.

Trotzdem wollte ich nicht als Spielverderber dastehen und gab der Welt, die sich hinter meinen Augengläsern aufgetan hatte, eine Chance.

Meine Klassenlehrerin Frau Moll war weitaus flatterhafter als das Vogelwesen und schien über alle Maßen unsicher. Gleich zu Anfang sollte ich ihr Auskunft darüber geben, wie sie ihre 48 Puddingschnecken gerecht an sechs Kinder verteilen könnte, dabei hatte sie bloß ein einziges Leberwurstbrot in ihrer Frühstücksdose.

»Die Dinge, von denen Sie da fabulieren, existieren nur in Ihrer Fantasie«, versuchte ich ihr zu erklären. Sogar die Raketenwürmer gaben mir in dieser Sache recht, aber wir wurden trotzdem des Raumes verwiesen.

Das kam mir allerdings nicht ungelegen, denn so konnte ich auf dem Flur ungestört mit meinen Studien fortfahren, sobald ich einen Kartenständer als Lehrkraft aufgetrieben hatte.

Und während ich bald fließend drei Fantasiesprachen sprach und kurz vor meiner Abschlussprüfung zum Weltraumpiloten stand, verplemperten meine neuen Mitschüler ihre Zeit weiterhin mit Basteln, Sachkunde und der Verteilung imaginärer Backwaren.

Vollkommen unvorbereitet traf mich der Sportunterricht. Nicht einmal die Höhlentrollkunde, die bisher auf meinem eigenen Lehrplan gestanden hatte, hatte mich für eine Begegnung mit einer Kreatur wie Sportlehrer Bosemann präpariert. Bosemann besaß krumme Terrierbeine und ein grobes Gesicht, in das jemand mit einem Messer einen schiefen Mund geschnitten hatte, aus dem bellende Zischlaute entwichen. In den Winkeln tanzten gelbliche Spuckeflocken, die er dem just Angekläfften mit jedem Laut ins Gesicht katapultierte. Gerade wischte ich mir einige von der Brille, weil Bosemann »Aber tchack, tchack!« gesagt hatte.

Bosemann hatte mich zuvor aufgefordert, sinnloserweise über ein Hindernis zu springen, das er vorher ebenso sinnlos in den Weg gestellt hatte.

Ich zögerte und besah den mannshohen lederbezogenen Kasten am Ende der Halle, den es zu überspringen galt. Er war eindeutig zu hoch und zu massiv, da konnte ich genauso gut gegen eine Mauer rennen.

»Zieh die Brille ab, bevor du losrennst«, riet mir das Geisterschaf, und sobald ich sie absetzte, löste sich das Hindernis in Luft auf. Genial.

Ich rannte also los, bald hatte ich sogar die Zentauren in der Bahn neben mir abgehängt. Ich sprintete, ich flog ja fast, mehr noch: Ich hob ab. Dann krachte es, ich fühlte eine Zeit lang gar nichts mehr und dann hämmernden Schmerz.

»Der kleine Spinner ist einfach mittendurch gerannt«, hörte ich meinen Sportlehrer fluchen, während ich mit gebrochenem Arm und Gehirnerschütterung in den Krankenwagen gehievt wurde.

Es war nur eine Grünholzfraktur, die schnell wieder verheilte, doch schien Sportlehrer Bosemann plötzlich Respekt vor mir zu haben. Noch nie hatte jemand seinen blöden Kasten einfach kaputt gerannt.

Ich durfte mich künftig sportlich auf eine Beobachterrolle zurückziehen, was ich ausgerechnet meiner verhassten Brille verdankte.

Allerdings war ich nicht der Einzige, der die Leibesübungen zu fürchten hatte. Ein drolliges Bärenjunges kullerte unbeholfen in der Halle herum und rollte sich zu einer Fellkugel zusammen, sobald es ins Visier der fanatisierten Sportmeute geriet, die – angefeuert vom Geifern Bosemanns – beim Völkerball ihre genozidären Reflexe auslebte, als gelte es, die Verbreitung minderwertigen Erbguts durch gezielte Würfe in die Weichteile der Träger zu verhindern.

Als sich das Bärchen wieder einmal verbeult neben mir auf die Bank sinken ließ, entdeckte ich zu meiner Überraschung einen gleichaltrigen Jungen unter dem dichten Pelz, der sich als Argos Evdoxios Spiriopoulos vorstellte.

Augenblicklich war ich begeistert. Jemand, der so fantastisch hieß, musste aus einer interessanteren Welt als dieser stammen. Doxi bejahte umgehend. Er stamme aus Griechenland, erklärte er, und sei nach einem hundertäugigen Ungeheuer benannt.

»Du brauchst auch eine Brille, dann musst du nicht mehr mitmachen«, sagte ich und tippte auf das wuchtige Horngestell mit den Glasbausteinen, das auf meiner Nase thronte.

Zwar litt Argos Evdoxios unter keinerlei Fehlsichtigkeit, doch nahm er meinen Ratschlag an, und als seine Eltern ihn nach Wochen der Verstellung zum Augenarzt schickten, behauptete er, keinen einzigen der gezeigten Buchstaben zu erkennen.

Kurz darauf saßen wir beide geschützt hinter dicken Gläsern im Sportunterricht auf der Bank und schauten dem unheiligen Treiben aus sicherer Entfernung zu.

Eigentlich schaute bloß ich zu, denn Doxis vormals scharfe Sicht war unter den geschliffenen Gläsern zu einem milchigen Nebel verschwommen.

Dafür machte er mit dem Geisterschaf Bekanntschaft.

Sie verstanden sich auf Anhieb, jedenfalls sah ich, wie Doxi lächelnd die Hand hob und Luft kraulte. »Gibt es auch Zentauren hier?«, fragte Doxi aufgeregt, nachdem er eine Weile ins Leere gestarrt hatte.

»Wart's einfach ab«, riet ich ihm, und bald hörte ich, wie Doxi auf Griechisch Witze erzählte und dazu meckernd lachte. Ganz offensichtlich hatte er welche gefunden. Bosemann war dagegen zu einem harmlosen Farbwirbel zerflossen, der ihm nicht mehr gefährlich werden konnte.

Zusammen verlebten Doxi und ich eine einigermaßen ungetrübte Grundschulzeit. Bald hatten wir herausgefunden, dass man sich bei Frau Moll auch gemeinsam auf den Flur schicken lassen konnte, wenn man die richtigen Fragen stellte.

Dort saßen wir dann – ich ohne Brille und Doxi mit – und trafen alte und neue Freunde, denn mein griechischer Freund kannte auch eine Menge Leute. Ich lernte seinen hundertäugigen Namensvetter kennen, ein paar Zyklopen und eine ältere Dame mit Schlangen auf dem Kopf, die mir viel Spaß machte.

Allerdings verloren die Besuche mit den Jahren an Dringlichkeit. Denn seit ich Doxi kannte, hatte die sichtbare Welt an Schrecken verloren.

Manchmal redeten wir sogar mit brillenlosen Mitschülern, allerdings vermieden wir es, ihnen allzu viel von unseren anderen Freunden zu erzählen. Irgendwann trug Doxi seine Brille nur noch zum Schutz vorm Sport, während ich meine immer häufiger aufließ. Und als ich bei der Abschlussfeier in der Aula mein Abschlusszeugnis bekommen sollte und die Brille doch noch mal absetzte, weil mich Menschenansammlungen nervös machten, sah ich sie alle zum letzten Mal: Die Zentauren, die Raketenwürmer, die Piraten und das Geisterschaf.

Dann verschwanden sie, und auch Doxi verschwand, weil er trotz besserer Noten keine Gymnasialempfehlung bekommen hatte. Meine Pubertät verbrachte ich dann wieder lieber brillenlos, weil ich herausgefunden hatte, dass ich ohne einfach besser aussah, vor allem wenn ich ohne Brille in den Spiegel schaute.

Und so verliebte ich mich nacheinander in ein Mädchen, einen Hydranten und eine Rolle Nähgarn, die ich zunächst für ein und dieselbe Person hielt.

Erst als ich den Führerschein machen sollte, bei den Fahrstunden aber fortwährend in den Kofferraum kletterte, um beim Busfahrer einen Fahrschein zu erwerben, ließ ich mich zum konstanten Tragen der Brille überreden.

Mittlerweile bekomme ich alle paar Jahre neue Gläser für dasselbe Gestell und stoße mit meinem Optiker nach und nach in unbekannte Dioptrienwelten vor, die noch keines Menschen Blick vor mir streifte.

Nur noch selten ziehe ich meine Augengläser aus.

Eigentlich bloß zum Schwimmen. Und wenn ich dann ohne Brille im Hallenbad auf allen vieren aus der Umkleide krieche, dann wirkt es zwar, als versuchte ein evolutionärer Irrläufer vom Land zurück ins Wasser zu kriechen, aber das sehe ich ja zum Glück nicht.

Ich sehe auch das welke Fleisch nicht, das aus schreiend bunten Badekorsagen quillt, ich sehe die gelb verhornten Fußnägel nicht, die der Krauler vor mir wie Fluken aus dem Wasser schnellen lässt, und erst recht sehe ich die Haarbüschel, Pflaster und Tampons nicht, die in der trüben Brühe herumdümpeln.

Stattdessen sehe ich bloß Nixen und Meeresgötter, die unbeschwert und elegant in den Wellen spielen. Und manchmal, wenn die Chlordämpfe und die gleichförmigen Schwimmbewegungen mich gen Nirwana gesogen haben, zieht sogar ein Geisterschaf mit geblümter Badehaube neben mir seine Bahnen.

Dann grüße ich freundlich.

Die Kammer – eine Achtsamkeitsübung für Gestörte

In meiner Abstellkammer sitzt Besuch und kratzt an der Tür. Das ist nichts Ungewöhnliches, denn ich bin Teilzeittrappist und mag mich tagsüber nicht gern unterhalten. Deswegen sperre ich Besuch, der unangemeldet vorbeikommt, erst einmal in meine Abstellkammer. Diese Geste soll bedeuten: »Lieber Gast. Danke für dein Kommunikationsangebot, gerade passt es nicht, aber ich komme später gerne darauf zurück.«

Es ist nämlich wichtig, dass man andere Menschen respektvoll behandelt und ihre Bedürfnisse ernst nimmt. Sonst gilt man schnell als wunderlich und wird sozial geächtet.

Über die Jahre habe ich sogar gelernt, Menschen als Bereicherung in meinem Leben zu akzeptieren, besonders, wenn sie Kuchen und Wein mitbringen.

Ich würde ohnehin niemandem raten, ohne Kuchen und Wein bei mir anzutanzen, denn allzu oft gerät so ein Kammergast in Vergessenheit und muss für einige Zeit ohne meine Gesellschaft auskommen, weil ich aus Gründen der Seelenhygiene ein paar Tage oder Wochen maulend im Bett verbringe, weil zum Beispiel Januar und Schneeregen ist.

Um dem geschätzten Gast die Wartezeit zu versüßen, habe ich meine Abstellkammer äußerst wohnlich gestaltet. Eine Glühbirne an der Decke sorgt für festliche Stimmung, ein Schemel lädt zum Verweilen ein. Mit ihrem stimmungsvollen Baldachin aus Spinnweben und dem flauschigen Teppich aus naturbelassenen Staubmäusen ist die Kammer vielleicht sogar der prächtigste Raum meiner Wohnung. Außerdem erzählen zahlreiche Inschriften an den Wänden von spannenden Begegnungen und herzergreifenden Schicksalen. So manches Paar hat sich in meiner Kammer erst recht kennen- und lieben gelernt. Ganze Romane sind in dieser Kammer entstanden, zum Beispiel »Der Graf von Monte Christo« und »Hundert Jahre Einsamkeit«.

Es ist nicht besonders schwer, den Besuch in die Kammer zu locken, weil meine Wohnung ziemlich klein ist. Im Grunde ist es mit bloßem Auge kaum möglich, Wohnzimmer von Abstellkammer zu unterscheiden. Manchmal bin ich selber unsicher.

Aber ich habe ein paar Faustregeln aufgestellt: Wenn Besuch drin sitzt, ist es meist die Abstellkammer. Ist der Besuch betrunken, hat er Wein mitgebracht und darf deswegen im Wohnzimmer sitzen. Bin auch ich betrunken, ist es oft gar nicht meine Wohnung.

Ich lausche dem ersterbenden Kratzen an der Kammertür.

Ich hatte ganz vergessen, dass ich Besuch habe, und versuche, mich daran zu erinnern, wann ich ihn eingelassen haben könnte, doch da klingelt es an der Wohnungstür.

Plötzlich zucken Erinnerungsfragmente wie Blitze durch meinen Schädel. Dasselbe Geräusch, vor zwei Wochen. Kurz vor dem Frühstück, also am frühen Nachmittag. Ein Klingeln, scharf und metallisch wie ein Rasiermesser, den Morgenfrieden tranchierend. Ich öffne die Tür.

Vor mir zwei glatt rasierte junge Gesichter, amerikanischer Akzent, weiße Hemden und Krawatten unter anthrazitfarbenen Busfahrerparkas. Ob sie mit mir über Jesus sprechen könnten, fragen die beiden Gestalten.

»Der ist nicht da«, antworte ich höflich, »aber ihr könnt gern auf der Treppe auf ihn warten.«

Ich schließe die Tür und widme mich wieder dem Kaffeekochen.

Jetzt wird es wirklich höchste Zeit, denn ich bin schon seit einer Viertelstunde wach und habe noch immer kein Koffein in den Adern. Mein Körper ist derlei Entzug nicht gewohnt und neckt mich bei Zuwiderhandlungen gern mit Schüttelfrost, Halluzinationen und dämonischer Besessenheit.

Ich ziehe also fröstelnd den Gürtel meines Bademantels fester, lege mir zusätzlich ein Bärenfell um die bebenden Schultern, nehme die Kaffeedose aus dem Schrank und ignoriere den übel gelaunten Morgendämon, der kreischend um mich herumtanzt.

Wenn ich jetzt keinen Fehler mache, kann die Sache noch glimpflich ausgehen. Ich muss bloß den Kaffee in die Kanne und dann irgendwie in mich hinein bekommen, bevor der Dämon der Missgelauntheit in mich einfahren kann.

Es klingelt abermals, ich verschütte vor Schreck das Pulver, und das Höllenvieh nutzt seine Chance.

Unter schrecklichen Verwünschungen wankt der Dämon in meinem Körper zur Tür, lässt sie aus den Angeln springen und schaut die beiden Missionare aus blutunterlaufenen Augen an. Flammen umzüngeln sein Haupt.

Dann sage ich: »Hört mal, Jungs, gerade ist echt kein so guter Zeitpunkt, ich brauch erst mal 'nen Kaffee«, aber vermutlich klingt es eher wie »Hrglglgl, ich bin Beelzebub, der Unterkoffeinierte, und ich werde eure Eingeweide rösten, behutsam von Hand mahlen, mit kochendem Wasser aufbrühen und zu einem belebenden Heißgetränk verarbeiten!«, weil der Dämon der morgendlichen Missgelauntheit aus mir spricht.

Jedenfalls glauben die beiden Jesus-Bübchen, den Leibhaftigen vor sich zu haben, und blättern aufgeregt in ihren Broschüren. Sie scheinen jedoch keine passende theologische Handreichung finden zu können, obwohl der Dämon jetzt recht aufreizend über dem Dielenboden schwebt und seinen Kopf rotieren lässt.

»Ihr müsst im Index hinten unter E wie Exorzismus nachgucken«, versuche ich zu helfen, aber diesmal lässt mich der Dämon assyrischen Premiumfluch röhren, der die beiden Missionare sowie ihre Kinder und Kindeskinder mit Krätze, nässenden Ekzemen und einem Hang zu spießigen Funktionsjacken belegt.

Die beiden Glaubenstouristen fangen in ihrer Not an, in Zungen zu reden. Das machen diese Leute immer, wenn ihnen die Argumente ausgehen, und das ist nicht gerade selten. Sie strecken also ihre Arme in Richtung himmlischen Beistands und fangen an zu brabbeln. Ich beginne, mich mit meinem Dämon der morgendlichen Missgelauntheit gegen die beiden zu verbünden.

»Schwulenehe! Abtreibung!«, brüllen der Dämon und ich, um das Gespräch wieder auf eine etwas sachlichere Ebene zu bringen, und die beiden verlegen sich aufs Beten.

»Evolutionslehre! Darwin! Dinosaurier!«, grölen wir, um den beiden den Rest zu geben, doch in diesem Moment regt sich ein Funken menschlichen Bewusstseins in mir. Es wird von einem feinen, kaum wahrnehmbaren Duft reanimiert.

Ich rieche … Kaffee.

Und tatsächlich. In der hochgereckten Hand des einen steckt ein Pappbecher mit dem Aufdruck einer Kette, die in kaputt renovierten Ladenlokalen ohne Flair minderwertigen Kaffeeersatz zu Apothekenpreisen feilhält.

Die braune Brühe schwappt mir munter aufs Haupt, ich lasse den Dämon seine lange grüne Zunge ausfahren und schlabbere mir das Zeug von der Stirn. Es schmeckt entsetzlich, doch muss das Zeug neben der scheußlichen Marzipan-Ahornsirup-Karamell-Minz-Note Spuren von Koffein enthalten, denn ich komme augenblicklich wieder zu Sinnen.

»Recht auf Schwangerschaftsabbruch!«, pölkt der Dämon noch angriffslustig, bis ich endgültig wieder das Ruder übernehme.

»Hört mal«, sage ich freundlich und lese von ihren Namensschildern ab: »Elder Abercrombie und Elder Fitch.«

Ich nehme einen tüchtigen Schluck von dem lauwarmen Gesöff aus Fitchens Becher.

»Ihr beiden Vögel habt sehr komische Vorstellungen von der Welt im Allgemeinen und von Kaffee im Speziellen, da sollten wir wirklich mal drüber reden. Aber vielleicht nicht jetzt sofort.«

Ich winke sie in meine Wohnung und öffne ganz beiläufig die Tür zur Abstellkammer.

Anschließend widme ich mich endlich meinem Frühstück und vergesse die Angelegenheit, bis ich ihrer just gerade wieder gewahr werde.

Denn trotz einer gewissen Zurückhaltung in gesellschaftlichen Dingen nehme ich durchaus Anteil am Schicksal meiner Mitmenschen.

»Noch ein wenig Geduld, liebe Brüder in Christo«, rufe ich also durch die geschlossene Kammertür. »Zurzeit sind alle Konversationssynapsen belegt. Der nächste freie Platz ist aber für Sie reserviert.«

Ich denke, zu Ostern lasse ich die beiden wieder raus.

Noch ein Gedankenblitz. Der Monat zuvor. Ein Mann mit

Kladde, tückischem Lächeln und enervierender Energie im Klingelfinger.

Wo bei uns im Haus die Stromabzähler angebracht seien, wollte er wissen, als ich ihm öffnete. Ob er Kuchen und Wein mitgebracht habe, fragte ich im Gegenzug.

Nein, sagte er frech, aber großartige Angebote eines neuen Energieversorgers, die er mir unverzüglich unterbreiten wolle. Er schaute mich an wie ein Kleinkind, das für einen Haufen gelobt werden wollte, obwohl es ihn eine Handbreit neben das Töpfchen geschissen hat.

»Sie wollen, dass ich meinen Energieanbieter wechsele? Morgens um sieben?«, fragte ich sicherheitshalber nach. »Ohne Terminabsprache und leckeres Mitbringsel?«

Der Mann sah auf seine Uhr und sagte: »Es ist halb drei Uhr nachmittags.«

»Mein Haus, meine Zeitrechnung«, zischte ich. »Vielleicht müssen wir beide uns mal ausführlich über Etikette bei Haustürgeschäften unterhalten, aber nicht jetzt.«

Der Vertreter überhörte die dröhnende Skepsis in meiner Stimme und drängelte sich nassforsch an mir vorbei. »Stromzähler ist in der Kammer«, rief ich ihm hinterher und schlug die Tür hinter ihm zu.

Auch dieser Sache hatte ich keine große Dringlichkeit eingeräumt. Bis jetzt.

Ich klopfe leicht schuldbewusst an die Kammertür.

»Stromtyp?«, rufe ich. »Bist du noch da?«

Ich höre Rascheln, Fußgetrappel und Stimmengewirr hinter der Tür.

»He, er meint dich«, höre ich schließlich Abercrombie oder Fitch, offenbar haben die Missionare mittlerweile den Vorsitz über meine Besucherschar übernommen.

»Quatsch, ich bin der Schornsteinfeger«, kommt prompt die Antwort.

»Ich auch«, behauptet eine andere Stimme.

»Ich kann mich nicht mehr erinnern, was ich vorher war«, meint eine dritte nachdenklich.

»Ich bin hier geboren, aber meine Eltern haben mir oft von der Welt da draußen erzählt«, erzählt eine vierte Stimme.

Nach einer Weile ist der Stromtyp gefunden. Die lange Zeit der inneren Einkehr hat ihm hörbar gut getan, seine Stimme klingt, als habe er sie lange nicht benutzt. »Was ist jetzt schon wieder?«, faucht er aus der hintersten Kammerecke. »Kann man hier nicht einmal seine Ruhe haben?«

Ich glaube, er ist so weit resozialisiert, dass ich ihn bald auswildern kann.

Nach und nach fallen mir all die kleinen Klingelstrolche wieder ein, die es in meine Besuchskammer verschlagen hat: das Mädchen mit der Sammelbüchse für das Tierheim, die Horde Halbwüchsiger zu Halloween, die Schornsteinfeger und Heizungsableser, Dutzende Paketboten und der Ich-war-gerade-in-der-Gegend-und-schau-mal-spontan-rein-Typ, von dem ich allerdings vermute, er könnte ein entfernter Verwandter sein, zum Beispiel mein Vater.

Offenbar ist meine Abstellkammer doch viel voller, als ich sie in Erinnerung hatte, ich sollte dringend mal wieder ausmisten.

Aber nicht jetzt, denn es klingelt ja immer noch.

Zögerlich bewege ich mich zur Tür, aber nur weil ich halbtags den Eremiten gebe, heißt es ja nicht, dass die Welt keine Verlockungen für mich bereithielte. Schon zieht mich die verdammte Neugier hinan, schon greift meine Hand nach dem Türsummer. Welch spannende Begegnung steht mir ins

Haus? Welch illustre Persönlichkeit könnte der Mahlstrom des Schicksals hier vor meine Schwelle gespült haben?

Einen Magier, der von einem Dschinn verfolgt wird und mir im Tausch gegen Obdach zaubrische Fähigkeiten verleiht?

Das Nobelpreiskomitee?

Die Lottofee?

Den Bi-Ba-Butzemann?

Vor Spannung ganz fickrig öffne ich die Tür einen Spaltbreit.

»Hast du Kuchen und Wein mitgebracht?«, brülle ich ins Treppenhaus.

»Ja, Großmutter«, brüllt es unisono zurück. Immerhin haben diese Pappenheimer ihr Rotkäppchen gelesen, denke ich und mache einen folgenschweren Fehler. Ich lasse den Besuch unbesehen hinein.

Kurze Zeit später bin ich von fünfzehn grauhaarigen Damen in erschreckend rüstigem Gesamtzustand umringt. Sie gehören irgendeiner organisierten Landfrauenschaft christlicher Observanz an und sind im Namen der Achtsamkeit unterwegs.

Die Damen haben im Internet von meiner Abstellkammer gelesen, behaupten sie. Offenbar hat sie in einschlägigen Wellness-Foren sehr gute Bewertungen als Ort der Stille bekommen. Bei Airbnb werde ich mittlerweile sogar als »Superhost« für Schweigeseminare geführt, dabei habe ich mich dort nie angemeldet. Ich schaue mir die Kommentare an.

»Früher musste ich mich von wildfremden Menschen an Haustüren demütigen lassen«, dankt mir etwa ein Nutzer namens »Stromtyp73«. »Heute führe ich ein glückliches, zurückgezogenes Leben und widme mich der Kerbtierdressur«, und »paketbotederliebe« schreibt: »Krasse Erfahrung, sieben Monate in absoluter Dunkelheit zu leben, aber geistig ein totaler Detox, habe danach meinen Job gekündigt und bin jetzt erfolgreicher Tagedieb. Fünf Sternchen.«

Abercrombie und Fitch haben sogar durch das Schlüsselloch in meine Wohnung gefilmt und ein paar Clips auf ihr Facebook-Profil geladen. Man sieht mich darin im Bademantel über den Flur schlurfen und Selbstgespräche führen. »Having a great time in Germany with bathrobe dude«, schreiben sie. »We think he's involved with Satan, but we're cool with that because it's authentic and peaceful here and the coffee is great.«

Deswegen haben die beiden auch alle ihre Facebook-Freunde zu mir eingeladen.

Kein Wunder, dass es mittlerweile ständig bei mir klingelt.

Die Leute kommen zu mir, weil sie ihre Ruhe wollen. Noch gilt meine Kammer zwar als Geheimtipp, doch könnten künftig ganze Busladungen mit Wohlfühltouristen bei mir aufkreuzen, die den Wellness-Trip bei Lidl gebucht haben.

Bald will die ganze Welt ihre innere Mitte bei mir zu Hause mit dem Wischmopp ausfeudeln, die Seele über dem eigenen Abgrund baumeln lassen oder was auch immer die Menschenfischerbranche gerade an aktuellem Schmonzes zur Persönlichkeitsoptimierung empfiehlt.

Buddhistische Schweigemeditation und Maulhalten im Kloster mit Rosenkranzwickel und Powerfasten haben die Achtsamkeitsdamen nämlich schon durch. Das kickt sie alles nicht mehr, erzählen sie und schauen mich irgendwie unerlöst an.

»Sage uns, wie man zur inneren Ruhe findet, komischer Mann im Bademantel«, schwillt das Keckern der Wuchtbrummen zu allgemeinem Rhabarbern an, hoch dosierter Erwartungsdruck fällt wie eine schwüle Dunstglocke über mich.

Ich schnappe nach Luft und bekomme Stressflecken im Gesicht.

Mir wird das alles zu viel hier.

»Zurzeit sind alle Konversationssynapsen belegt«, antworte ich schließlich. »Aber der nächste freie Platz ist für Sie reserviert.« Dann verfüge ich mich hurtig in meine Kammer. Die Stille umfängt mich wie ein warmer Mantel.

Der Leergutautomat – auf dem Mehrweg des Leidens

Schon seit Wochen bin ich nicht mehr draußen gewesen. Ich bin nicht stark genug, dem Grauen ins Gesicht zu schauen. Außerdem bekomme ich die Wohnungstür nicht auf, denn mein Flur steht voller Pfandglas. Unter mir wogt ein Flaschenmeer, das sich mittlerweile mannshoch aufgetürmt hat und jeden zu verschlingen droht, der einen Fuß hineinsetzt. Zuletzt musste ich hilflos zuschauen, wie mein Nachbar in einer Glaswehe versank.

Das ganze Viertel ist leergutübersät, auf den Straßen blinken die grünen Reißzähne zerborstener Flaschen im Abendlicht, in manchen künden flehende Nachrichten auf Papierfetzen vom traurigen Schicksal ihrer Besitzer, wieder andere Gefäße haben in ihren schalen Neigen pelzigen Bewohnern Nahrung und Heimstatt geboten, doch sind diese Schimmelwesen ihren Inkubatoren längst entwachsen. Noch immer daunenweich beflaumt, aber mittlerweile kälbchengroß taumeln sie sinnlos einher, ihr hungrig fiepender Ruf mischt sich mit dem grässlichen Scheppern und Klirren, wenn sich ein Unerschrockener mit dem Vorschlaghammer seinen Weg durch die Flaschengebirge zu bahnen versucht.

Galt unser Viertel zu Beginn der Leergutepidemie noch als Shangri-La der Pfandsammler, traut sich mittlerweile kaum einer dieser verwegenen Gesellen hierher, zu ausweglos ist die Lage. Zwar lockt den Glücksritter Gesamtpfand von gut acht Milliarden Euro, doch was nutzen alle Reichtümer dieser Erde, wenn der unvorsichtige Schürfer jederzeit eine Lawine auszulösen oder im Altglas zu versinken droht wie mein bedauernswerter Nachbar, den ich seither in seinem gläsernen Sarg leise klirren höre.

Offenbar steckt noch Leben in ihm. Seit Tagen ernährt er sich von Bierlachen, die er von den Dielen leckt. Ab und zu schmaucht er einen getrockneten Kippenrest, dann lacht er betrunken und freudlos auf, doch meist liegt er still und schicksalsergeben unter der gläsernen Last oder pustet sein grausiges Sterbelied in eine leere Flasche. Oder sind es doch Morsezeichen? Das wäre sinnlos. Unser Viertel ist längst von der Außenwelt abgeschnitten.

Ich kann das Gesicht meines Nachbarn bloß verzerrt durch gewölbte Glasböden sehen, doch stäche mir sein anklagender Blick auch von tausend Prismen gebrochen ins Herz. Er ist bei mir eingestiegen, um mir einen ganzen Sack Eigenpfand widerrechtlich in meine Wohnung zu kippen. Ein Frevel, der in unserem Viertel unverzüglich mit dem Tode bestraft wird, seit der Ältestenrat das Kriegsrecht ausgerufen hat.

Misstrauen hat sich in unsere Herzen geschlichen, und auch wir Hausbewohner meiden einander. Aber wo sollten wir uns auch begegnen, wenn sogar das Treppenhaus längst dem Pfand gehört.

Nur in mondhellen Nächten wagen wir uns in bewaffneten Haufen auf die Straße, wie Bergsteiger mit festen Seilen verbunden, stochern wir mit langen Stecken nach Verwertbarem im Glasabraum, immer auf der Hut vor den taumelnden Schimmelwesen, die ein wenig wie Hühnchen schmecken sollen, wenn man sie über dem Feuer brät.

Wenn die Luft rein ist und die Winde günstig sind, schlagen wir mit vereinten Kräften höchstens noch eine Schneise zur Nachttanke. Eine Schneise, die – wie wir wissen – gleich wieder zuwächst, weil wir beim missmutigen Tankwart doch wieder nur Biere in Pfandflaschen erwerben, die wir nie wieder loswerden und die, einmal geleert, den Niedergang unseres Viertels bloß fortschreiben. Aber was sollen wir in unserer ausweglosen Lage anderes tun als saufen?

Wir beknien den Tankwart, schmeicheln ihm, bieten ihm gar sexuelle Dienstleistungen an, wenn er uns nur vom Leergut befreit, doch der Unhold lacht bloß über uns.

»Gegenüber ist ein Pfandautomat, da könnt ihr das Zeug reintun«, sagt er achselzuckend und deutet über die Straße.

Und tatsächlich, dort im Foyer des Einkaufszentrums thront der unbarmherzige Herrscher unseres Viertels. Ein bösartiger Tyrann, in dessen Knechtschaft wir uns freimütig in jenem Moment begeben hatten, als wir die erste Pfandflasche im neu eröffneten Supermarkt kauften.

Jederzeit, so war uns Kunden von den verlogenen Marktoberen versichert worden, könne man sein Leergut an diesem Automaten loswerden. Auch außerhalb der Öffnungszeiten! Was hatte man sich von diesem gleisnerischen Glücksversprechen blenden lassen! Die Morgenröte einer automatisierten Zukunft, in der niemand mehr leiden müsste, schien über uns zu strahlen. Wir tanzten ausgelassen auf der Straße und kauften Pfandflaschen, als ob es kein Morgen gäbe.

Der Automat erwies sich jedoch schnell als äußerst kapriziöses Geschöpf.

Am ersten Tag ratterte er noch freundlich, wenn man seine Fläschlein auf das Laufband legte, verdaute sie sogleich lautstark und spie zu unserem Entzücken Zettelchen aus, die zum neuerlichen Erwerb von leckeren Bieren berechtigten.

Wir glaubten uns im Schlaraffenland. Niemand würde mehr je arbeiten gehen müssen. Wir würden das bereits Leergetrunkene einfach dem Blechkameraden verabreichen, der uns wiederum mit Gutscheinen für erneut Leerzutrinkendes versorgen würde. Und immer so fort, bis wir irgendwann lebenssatt vor unserer Schwelle niedersänken. Herrlich. Überschwänglich priesen wir das Ingenium der modernen Pfandforschung, auch wenn uns der volkswirtschaftliche Nutzen des Ganzen irgendwie verborgen blieb.

Auch am zweiten Tag brummte Genosse Automat noch gutwillig, am dritten aber weigerte er sich plötzlich, die Flaschen einer Biermarke anzunehmen, die er gestern noch unbeanstandet verdrückt hatte.

Unschlüssig rollte der Automat das Gefäß auf seiner Gummizunge hin und her und blinkte uns schließlich sein vernichtendes Urteil. »Einweggebinde unbekannt«, behauptete das Display.

»Von wegen unbekannt! Das ist Eins-a-Markenpils, du Vollhonk!«, brüllte der Flaschenbesitzer, ein cholerischer Quartalssäufer. Er sollte zum Anführer jener einflussreichen Fraktion werden, die noch immer an die heilende Wirkung der Technikbeschimpfung glaubt. Je ruppiger man auf die sensible Elektronik einteufelt, lautet ihr Glaubensgrundsatz, desto schneller reagieren die Schaltkreise.

»Arschfickscheißenkackdrecksding!«, brüllte er dem Gerät in den Schlund, doch die Pfandkiste brummte unbeeindruckt weiter.

Das Gebrüll lockte allerdings weitere Kunden an. Im Halbkreis umstanden sie bald das Gerät und gaben Ratschläge zur korrekten Handhabung des Leerguts. Mit Rechts- oder Linksdrall sei die Flasche einzuführen, leicht angelupft oder in behutsamer Vorwärtsbewegung, eher geworfen oder doch lieber geschoben, mit Schmieröl eingefettet oder zuvor mit einem staubfreien Tuch abgerieben – alles wurde ausprobiert, brachte jedoch dasselbe Ergebnis: »Einweggebinde unbekannt.«

Der wütende Trunkenbold drohte dem Gerät überzeugend Gewalt an, andere riefen zur Mäßigung auf. Sie sprachen der Maschine Mut zu und tätschelten ihre stählernen Flanken. Diese Fraktion setzte eher auf positive Verstärkung sowie angstfreies Lernen und entwickelte aus dem Stegreif eine Montessori-Pädagogik für Leergutautomaten, die mittlerweile als sozialpädagogischer Studiengang an der Fachhochschule Vechta belegt werden kann.

»Beim nächsten Mal schaffst du es!«, riefen die Automatenfreunde liebevoll und legten die Flasche unter gutem Zureden erneut ein.

Diesmal reagierte die Maschine mit einem Nervenzusammenbruch. Unter dem immensen Leistungsdruck war sie offensichtlich in infantile Realitätsverweigerung geflüchtet.

»Bitte Ware einlegen«, behauptete das Display nämlich plötzlich, obwohl ein Dutzend Zeugen der Maschine teilweise schriftlich bestätigten, dass die Scheißflasche bereits seit einer geschlagenen Stunde im Schacht rotierte.

Ein Philosoph wusste schließlich Rat. »Da scheint mir ein ontologisches Problem zu obwalten. Die Maschine als Ding kann in ihrer dinglichen Verhaftung die seiende Dinghaftigkeit der Flasche nicht wahrnehmen und muss deswegen a priori die Flasche als Ding an sich negieren«, verkündete er und versuchte, die Maschine in einen Disput über den Seinsbegriff bei Kant zu verstricken. Die aber brummte bloß unwillig.

Das sei doch metaphysischer Quatsch, beharrte eine junge Doktorandin der Naturwissenschaften, vielmehr liege eindeutig ein empirisches Problem vor. Der Maschine müsse einfach eine breitere Datengrundlage zur Verfügung gestellt werden, dann würde sie zwangsläufig sicherer in ihrem Urteil.

Das leuchtete uns ein. Sofort wurden Proben sämtlicher verfügbarer Pfandprodukte genommen, an Ort und Stelle geleert und an die Maschine verfüttert. Sie alle wurden anstandslos verdaut und mit Zettelchen quittiert, bloß die inkriminierte Flasche wurde wieder nicht erkannt.

Der rabiate Flaschenbesitzer trat ganz unakademisch gegen das Gerät, konnte dem Automaten aber nur ein leichtes Flackern und seinem Fuß eine Verstauchung entlocken. Die Anhänger der zugewandten Technizistik forderten strikten Gewaltverzicht sowie ein Pfandmoratorium, bis man sich in die komplexe Materie eingearbeitet hatte.

Insgesamt gingen wir jedoch dazu über, das Gerät wie ein besonders renitentes Kleinkind zu behandeln.

»Mmmh, lecker Pfand«, versuchten ein paar besonders berufene Automatenflüsterer, das Gerät zur Nahrungsaufnahme zu animieren, und wedelten mit ihren Flaschen dort herum, wo sie bei einem Leergutautomaten die Nase vermuteten.

Allerdings schien das Ding satt zu sein, jedenfalls verweigerte es nun sämtliche Darreichungen – diesmal allerdings mit der Ausrede »Barcode nicht lesbar«. Nicht einmal Mineralwasser wollte es mehr zu sich nehmen.

Die Kassenkräfte im Supermarkt hatten all dem teilnahmslos zugesehen, wie rätselhafte Sphingen saßen sie an ihren Pulten und beobachteten das Treiben im Vorraum mit angewiderter Faszination. In Pfandfragen seien sie nicht zuständig, erklärte ein Schild über unserem Automaten. Wir müssten uns schon an die Servicehotline der Aufstellerfirma wenden, meinten sie achselzuckend und verließen den Markt pünktlich zum Ladenschluss.

Gegen Mitternacht entdeckten wir tatsächlich einen daumennagelgroßen Aufkleber an der Rückseite des Gerätes, der uns Aufschluss über eine sehr kostenpflichtige Nummer gab.

Der Rest der Nacht verlief ereignisarm.

Abwechselnd hielten wir Telefonwacht, während uns die Warteschleife mit einer Version von »Für Elise« in den Schlaf dudelte, die ein sadistischer Musikhasser für Hundeflöte, Schalmei und Alphorn neu arrangiert hatte. Dazu stellte uns eine weibliche Computerstimme freundliche Servicemitarbeiter in Aussicht, die »gleich für uns Zeit« hätten, aber nie abhoben. Vermutlich saßen sie um das Servicetelefon herum und blökten gemeinsam die schreckliche Elise hinein.

Auch am folgenden Tag war keiner von ihnen an den Hörer zu locken, obwohl der nächste freie Platz seit nunmehr bald 24 Stunden für uns reserviert war.

Dafür wartete Kamerad Automat mit neuen Befindlichkeiten auf.

»Behälter voll«, quengelte das Display seit den frühen Morgenstunden, wobei der Automat den Zustand zusätzlich mit einem schrillen Warnton anzeigte.

Dabei hatte das Gerät seit gestern Nachmittag nichts mehr zu sich genommen. Wir hatten eher befürchtet, dass es uns verhungern könnte.

Irgendwer musste sich nachts hereingeschlichen, den

Automaten bis zum Bersten mit Flaschen befüllt haben und dann mit einem ganzen Bündel Pfandgutschriften heimgeschlichen sein.

Das allein wäre zu verkraften gewesen, doch dieses Herrschaftswissen nicht mit der Gesellschaft zu teilen, erschien uns menschenverachtend und bösartig. In den nächsten Tagen fahndeten wir nach Zeichen plötzlichen Reichtums in unserem Viertel, doch nicht einmal stichprobenartige Leibesvisitationen ergaben relevante Erkenntnisse.

Gegen Ende des ersten Monats türmten sich die Flaschen schon kniehoch auf den Straßen, und die Warteschleife der Servicehotline wurde per Lautsprecher ins ganze Viertel übertragen, damit wir den Moment nicht verpassten, in dem der nächste freie Platz auch wirklich frei sein würde.

Wer es sich leisten konnte, zog weg. Alle übrigen fügten sich in ihr Schicksal.

Der Winter zog ins Land, die Weihnachtsfeiertage verschärften die Pfandkrise, der Karnevalszug im Februar hinterließ einen Flaschenberg, den man angeblich vom Weltraum aus sehen konnte.

Unser Automat aber schwieg zu all dem, blinkte sein trotziges »Behälter voll« und wollte sich partout nicht füttern lassen. Erst im März meldete er sich wieder zu Wort.

Zu unser aller Erstaunen hatte er den Winter genutzt, um eine Fremdsprache zu lernen. »Click to debug«, stand jetzt im Display. Wir klickten mit allem Verfügbaren von Druckknöpfen bis zu Sprechlauten und ließen das ganze Viertel debuggen, bis der Kammerjäger vor Erschöpfung umfiel, aber nichts geschah.

Allerdings schien der Apparat nun eine Glasallergie zu

entwickeln. Mittlerweile fuhr er schon herunter, wenn sich jemand mit einer Flasche in der Hand näherte. Bald war der Vorraum mit dem Leergutbehälter die einzig flaschenfreie Zone im Viertel und diente nebenbei auch noch als Schule, Lazarett und öffentliche Parkanlage.

Anfang Mai verschwand die englische Beschriftung auf dem Display so plötzlich, wie sie gekommen war. Stattdessen erschien eine Sanduhr, die bis in den Hochsommer vor sich hin rieselte.

Anschließend folgte eine abstrakte Phase, die von einem fast wahnhaften Schaffensrausch geprägt war. Fast im Sekundentakt ließ der Automat kryptische Botschaften wie »Prozess id = oxc 64 (3172)« auf der Anzeigefläche erscheinen, ohne dass sie jemand entschlüsseln konnte.

Zunehmend setzte sich die Meinung durch, der Leergutautomat sei ein Abgesandter einer außerirdischen Zivilisation, der Transmitter von Befehlen einer höheren Rasse, denen wir Erdlinge Folge zu leisten hatten, wollten wir unseren Heimatplaneten nicht in Flammen aufgehen sehen.

Wir neigten die Knie vor dem Gerät und versprachen den außerirdischen Invasoren unbedingte Gefolgschaft, wenn sie bloß unsere Pfandflaschen endlich annehmen würden.

Als Antwort bekamen wir die Auskunft: »Send FrgXR«, die überwiegend als Aufforderung zum Massenselbstmord ausgelegt wurde, damit das Mutterschiff uns Auserwählte endlich abholen könnte, während die Welt ein Pfandarmageddon erlebte.

Vermutlich wäre das unselige Vorhaben sogar ins Werk gesetzt worden, wenn in diesem Moment die Übertragung der Warteschleifenmelodie nicht unvermittelt abgebrochen wäre.

Denn plötzlich verstummte die bösartig plärrende Elise,

die uns in den letzten Monaten den Lebensmut geraubt hatte, und wurde von einem statisch aufgeladenen Knacken und Knistern abgelöst, das uns gleichermaßen elektrisierte.

Wir umarmten uns, viele begannen zu weinen oder den Herrn zu preisen. Manche opferten aus Dank ein Haustier oder einen entbehrlichen Familienangehörigen. Wir waren gerettet!

»Hallo?«, meldete sich eine Stimme, die tatsächlich einem Menschen aus Fleisch und Blut zu gehören schien. Gebannt lauschten wir dem Sprecher, der sich als Servicemitarbeiter Horst-Eberhard Lupperscheid vorstellte und fragte, ob er das Gespräch zu Dokumentationszwecken aufzeichnen dürfe.

»Ja!«, schrien wir wie aus einem Mund. In diesem Moment der Massenverzückung hätten wir wohl jede Frage mit einem fanatisch gebrüllten »Ja« beantwortet. Ich war ja damals im Sportpalast nicht dabei, aber die Stimmung dort stelle ich mir ähnlich aufgeheizt vor.

»Dann drücken Sie bitte die Zwei«, befahl Lupperscheids Stimme, die plötzlich alles Menschliche verloren hatte, und schon da schwante zumindest den Verständigen unter uns, dass es mit der erhofften Befreiung wohl noch etwas dauern würde.

Mittlerweile haben sich zwei Sekten gebildet, die sich erbittert über die Exegese des Telefonmenüs streiten, in dessen Mäandern wir seit Monaten orientierungslos gen Abgrund treiben. Von Servicemitarbeiter Lupperscheid haben wir nie wieder gehört. Längst hat wieder eine Computerstimme übernommen und nährt unseren religiösen Wahn mit inquisitorischen Fragen.

Ein Schisma ist über die Entscheidung entstanden, ob die Sieben oder die Neun gedrückt werden sollte, nachdem abgefragt wurde, ob unsere Fehlermeldung nach europäischer oder deutscher Industrienorm zu verbuchen sei.

Seit einem von Neunerfanatikern angezettelten Massaker an führenden Siebenern gilt die Neun bei uns im Viertel als häretische Zahl und darf unter keinen Umständen laut ausgesprochen, aufgeschrieben oder gar gedrückt werden.

Trotzdem tauchen immer wieder blutrote Neunen auf Hauswänden auf, die davon künden, dass die entscheidende Auseinandersetzung wohl noch bevorsteht.

Das Schlimmste aber ist: Unser Leergutautomat schweigt zu all dem. Er straft uns mit einem undurchdringlich schwarzen Display, auch wenn sich die heiligen Männer täglich zu seinen Füßen martern, um Vergebung zu erringen.

Wir haben uns als seiner unwürdig erwiesen.

Wir haben die falschen Götter der Servicehotline angerufen, statt uns seinem unendlich weisen Ratschluss zu ergeben.

Er hat uns seine Liebe geschenkt, aber wir haben sie abgelehnt.

Wir sind verloren.

Es ist Winter geworden in unserem Viertel, graue Wolken drücken flockenschwanger auf Hausdächer, unter denen längst keine Freude mehr wohnt.

Der Nachbar pustet noch immer sein Sterbelied in die Flaschenhälse. Es ist »Für Elise«.

Genau jetzt bräuchte ich ein Bier, ein schönes großes aus einer Pfandflasche.

Ich klettere aus dem Klofenster auf die Straße, stapfe allein durch den ersten Schnee.

Langsam bedeckt er die Flaschen, bis nur noch weiße Hügel zu sehen sind.

Es sieht schön aus, und ich gehe weiter.

Ich bin allein. Nur die taumelnden Schimmelwesen folgen mir.

Es werden immer mehr.

Ich höre ihr hungriges Fiepen hinter mir, aber ich gehe weiter.

Im Foyer des Einkaufszentrums sehe ich ein rotes Licht.

Es blinkt.

Heut hüpfen wir im Kreis herum wie wilde weiße Schafe – ein Liebesbriefroman

Liebe Frau Segebrecht-Bünschlinger,

nicht das Schulamt, sondern das Schicksal hat uns zusammengeführt. Das wusste ich schon in jenem Moment, als ich Sie zum ersten Mal erblickte.

Mein Gesichtsfeld war zwar etwas eingeschränkt, weil mir der Seibner-Tommi die Mütze über die Augen gezogen hatte, aber ich hatte mich augenblicklich verliebt in Sie, die geheimnisvolle Fremde mit dem Norwegermuster.

Erst als Sie mich aus dem Mülleimer zogen, in den widrige Umstände (Sie kennen ja den Seibner-Tommi) mich gleich am ersten Schultag gestopft hatten, und mir die Mütze abnahmen, erkannte ich, dass Sie gar nicht wirklich vier spiegelverkehrte Rentiere auf der Stirn tragen. Zunächst war ich etwas enttäuscht, aber mittlerweile finde ich, Sie sehen auch ohne Rentiere im Gesicht fantastisch aus. Und das kann man wirklich nicht von jedem behaupten, vom Seibner-Tommi zum Beispiel überhaupt nicht. Dem seine hässliche Fratze sollte man lieber mit Filzer ganz schwarz malen. Aber das war ich nicht – egal, was der Tommi sagt.

Sie sehen, ich erinnere mich an unseren ersten Schultag, als sei er erst gestern gewesen. Dabei war es vorgestern, als Sie den Inhalt meiner Schultüte auf dem Lehrerpult ausschütteten, um die kleinen Schokoladentäfelchen zu konfiszieren.

Sie brauchten jetzt »dringend was für die Nerven«, sagten Sie in der großen Pause, und da wusste ich gleich, dass Sie genauso fühlen wie ich. Denn auch meine Nerven waren aufs Äußerste erregt. Das muss die Liebe sein, liebe Frau Segebrecht-Bünschlinger, andererseits hatte ich aber auch 17 Colalutscher gegessen.

Es grüßt Sie verliebt, verlobt, verheiratet
das Dötzchen auf dem kleinen i der Liebe

PS: Morgen werde ich endlich erfahren, wie es ist, mit Schmetterlingen im Bauch aufzuwachen. Es sei denn, meine Schwester hat gelogen. und es waren doch bloß Mehlwürmer, die sie mir zum Runterschlucken gegeben hat.

* * *

Liebe Frau Segebrecht-Bünschlinger,

ich bin enttäuscht. Mittlerweile ist fast ein ganzes Schuljahr vergangen, ohne dass wir einander nähergekommen wären. So kennen Sie zum Beispiel immer noch nicht meinen Vornamen. Ich weiß, das liegt auch am blöden Seibner-Tommi, der das Namensschild auf meinem Tisch ausgetauscht hatte, was mir erst Wochen später aufgefallen war. Trotzdem wäre ich Ihnen dankbar, wenn Sie mich nicht länger »Furzkuckuck« nennen würden, das ist ja nicht einmal eine richtiges Wort.

PS: Der Seibner-Tommi ist Ihnen vermutlich eher unter dem Namen »Kackpisser« bekannt. (Jemand hat sein Namensschild ausgetauscht.)

* * *

Liebe Frau Segebrecht-Bünschlinger,

wie wunderbar Sie singen. Und wie wunderbar Sie Ihren – trotz aller Fülle – noch immer wendigen Leib im Tanz wiegen. Entschuldigen Sie, dass ich Ihre eingangs der Sportstunde gestellte Frage »Was machen die Schafe auf der Wiese?« so profan mit »Fressen« beantwortet hatte.

Ich wähnte mich im Recht, weswegen ich mich auf den Boden warf und mit den Fäusten trommelte, nachdem Sie meine biologisch korrekte Antwort nicht gelten ließen. Bitte vergessen Sie unseren kleinen Zwist. Wie ich jetzt weiß, lautet die erwünschte Antwort »Heut hüpfen wir im Kreis herum wie wilde weiße Schafe«, auch wenn sich mir der logische Zusammenhang zur Fragestellung noch immer nicht erschließt. Eben dieser Aufforderung kam ich dann aber umso begeisterter nach, bis Sie mich auf die stille Bank setzten, wo sonst nur der Seibner-Tommi hockt, weil er so stinkt.

Wie Sie sich hernach überzeugen konnten, bin ich ein leidenschaftlicher und ausdrucksstarker Tänzer, den nichts auf der stillen Bank hält, wenn irgendwo flotte Musik aufgelegt wird. Ich hoffe, dass Sie dieser Umstand noch mehr für mich einnehmen wird. Meine Lieblingsbands sind übrigens Rolf Zuckowski und Anton Bruckner. Ich hoffe ferner, dass es Ihrem Rücken wieder besser geht. Es tut mir leid, aber ich musste diese Hebefigur einfach mit Ihnen ausprobieren. Der Tango ist meine Leidenschaft, doch besitzt keine meiner Klassenkameradinnen jene raubkatzenhafte Geschmeidigkeit, die es mit meinem tänzerischen Ungestüm aufzunehmen vermag. Um Unfälle wie den heutigen zu vermeiden, sollten Sie sich wenigstens auf dem Turnhallenparkett ganz meiner Führung hingeben. Ich weiß, was ich tue. Außerdem möchte ich eine andere Musik vorschlagen. Bei all seiner musikalischen Finesse kann das Schaflied kaum als Tango gelten.

Mit den liebevollsten Genesungswünschen,
Ihr wildes weißes Schaf

* * *

Liebe Frau Segebrecht-Bünschlinger,

heute habe ich lange über Sie nachgedacht. Auch wenn Sie mich immer wieder mit liebevollen Blicken und Aufmerksamkeiten bedenken (erst neulich banden Sie mir die Schnürsenkel), spüre ich Ihre Zurückhaltung. Das verstehe ich gut, liebe Frau Segebrecht-Bünschlinger, Jugend und Schönheit, die heute so verschwenderisch über mir ausgegossen sind, müssen vergehen, doch wie, werden Sie sich fragen, steht es um seine Finanzen?

Seien Sie unbesorgt, ich verfüge über beträchtliche Mittel. Weil mein Vater bei der Sparkasse ist, bekomme ich 4 Mark Taschengeld die Woche. So viel verdient man als Lehrerin sicher nicht. Trotzdem bin ich ganz Mensch geblieben, auch wenn ich sogar Mitglied im KNAX-Klub bin. Wenn Sie wollen, kann ich Sie dort auch reinbringen, mein Vater verwaltet die Mitgliederkartei. Doch ich muss Sie warnen, das Bürgerliche ist bei mir nur Fassade.

Bei den KNAX-Comics halte ich zum Beispiel immer zu den Fetzensteinern, obwohl das die Räuber sind. Beruflich, aber auch an Karneval, möchte ich jedoch lieber Pirat werden, da verdient man am meisten und darf mit einem Papagei auf der Schulter rumlaufen. Ich habe mir sogar schon ein Holzbein geschnitzt, aber noch zögere ich die Amputation meines Unterschenkels hinaus – für den Fall, dass ich beim Sport doch noch mal in eine Mannschaft gewählt werde. Na ja, besonders wahrscheinlich ist das nicht, andererseits habe ich bloß ein Buttermesser zum Amputieren, also warte ich noch.

PS: Wenn ich jede Woche 30 Pfennig für unsere gemeinsame Zukunft zurücklege, dann hätte ich doch bis Ostern circa 100.000 Mark zusammen, oder? Können Sie das mal durchrechnen, Sie sind doch auch Mathelehrerin?

* * *

Liebe Frau Segebrecht-Bünschlinger,

mir ist ganz melancholisch zumute, meinte ich doch heute Morgen eine Spur der Ablehnung in ihrer Stimme gehört zu haben, als Sie bei meinem Anblick »O Gott. Der kleine Spinner schon wieder!« riefen. Könnte es meine unkonventionelle Erscheinung gewesen sein, die Sie zu dieser Äußerung trieb? Ich muss gestehen, ich versuchte, Sie mit einem besonders festlichen Auftritt zu beeindrucken. Ich kann Ihnen versichern, dass derlei nicht wieder vorkommen wird. Meine Mutter wird mir ihren Nerz sicher kein zweites Mal leihen, und Opas Säbel ist auch wieder sicher weggeschlossen.

Richten Sie dem Seibner-Tommi meine besten Genesungswünsche aus und dass ich ihm in Wahrheit einen Gefallen getan habe. Die Narbe wird sein teigiges Mondgesicht um einiges markanter aussehen lassen, als der dicke Klops es verdient hat.

Weil ich mich wegen dieser Sache in Arrest befinde, hatte ich viel Zeit nachzudenken. Ich will kühn sein und Ihre

Worte als Kompliment annehmen. Wenn Spinner sein heißt, das Unmögliche zu träumen, dann will ich gern einer sein. Wenn es heißt, den Mut zu haben, das Verrückte zu wagen, dann kann und soll ich nichts anderes als ein Spinner sein. Danke, liebe Frau Segebrecht-Bünschlinger, dass Sie mich an meine wahre Bestimmung erinnerten.

Nun endlich bin ich ganz sicher, dass ich Pirat werden muss, auch wenn ich einer alten Dynastie von Sparkassenbeamten entstamme und nicht schwimmen kann. Eine Schiffsmannschaft habe ich schon zusammen, auch wenn sie zur Hälfte aus Walnüssen besteht. Immerhin können die schwimmen. Die verbleibende Zeit meiner Gefangenschaft bis zum Abendbrot nutze ich, um an einer hochseetauglichen Galeone zu arbeiten. Die Baupläne habe ich beigelegt, die schwarzen Krickel sind das Schiff.

Es grüßt aus ferner Verbannung,
der Kapitän Ihres Herzens und Spinner aus Leidenschaft

* * *

Sehr geehrte Frau Segebrecht-Bünschlinger,

es ist mir eine große Ehre, Sie morgen Nachmittag zur Jungfernfahrt meines Piratenschiffes einladen zu dürfen. Der Name ist aber noch streng geheim. Es ist sehr schön geworden und auch wasserdicht, weil ich viel Pritt genommen habe. Bitte bringen Sie zur Schiffstaufe eine Flasche Sekt mit, der Mann im Edeka glaubt mir nicht, dass ich Reeder bin!

Treffpunkt ist die große Pfütze auf der Hundewiese. Für das leibliche Wohl ist gesorgt, ich habe Kaugummis am Automaten gekauft.

PS: Besitzen Sie Schwimmflügel? Die Pfütze ist ganz schön tief.

* * *

Liebe Frau Segebrecht-Bünschlinger,

wie gut, dass Sie doch nicht zur Schiffstaufe gekommen sind. Es war ein Fiasko. Wir sind mit Mann und Maus untergegangen. Zum Glück bin ich nicht abergläubisch, sonst müsste ich fürchten, dass der Untergang der »MS Frau Segebrecht-Bünschlinger – Schrecken der Weltmeere« unsere Beziehung unter einen widrigen Stern stellt. Ich glaube, ich werde mich künftig eher der Raumfahrt widmen. Die Seefahrt hat für mich ihren Reiz verloren.

* * *

Liebe Frau Segebrecht-Bünschlinger,

nichts liegt mir ferner, als Sie zu kritisieren, aber ich muss es einfach loswerden: Für eine Frau, die bei anderen großen Wert auf Schreibübungen legt, greifen Sie selbst erstaunlich selten zur Feder! Ich habe Ihnen schon fünfzehn Briefe, acht Sonette sowie fünf Knall- und drei Laubfrösche als Liebesgaben ins Fach gelegt, und erhielt von Ihnen noch keinen einzigen Brief.

Falls Sie sich wegen Ihrer unleserlichen Handschrift schämen, übersende ich Ihnen anbei einen Übungsblock mit Hilfslinien. Ich brauche Ihn nicht mehr, auch wenn Sie anderer Meinung sind.

* * *

Liebe Frau Segebrecht-Bünschlinger,

unser aufklärendes Gespräch im Unterricht heute hat mir die Augen geöffnet. Ich bin jetzt bereit, unsere Beziehung auf eine neue, auch körperliche Ebene zu heben. Aber könnten Sie die anderen Schüler beim nächsten Mal bitte auf den Flur schicken, wenn wir intime Dinge zu besprechen haben?

Sie irren übrigens, es sind nicht die Jahre, die zwischen uns stehen. Meine mangelnde Erfahrung in Liebesdingen kann ich leicht mit jugendlichem Enthusiasmus wettmachen. Ich begehre Sie, Frau Segebrecht-Bünschlinger, sobald ich herausgefunden habe, wie das genau funktioniert. Damit Sie sich ein Bild machen können, womit wir vorläufig arbeiten müssen, habe ich links unten auf dem Blatt meinen Pipimann abgepaust.

Ihre Vorhersage, dass ich meine Sexualität erst in einigen Jahren entdecken werde, kann ich nicht teilen. Ich bin ein großer Entdecker und habe trotz meiner Jugend einmal ein 5-Mark-Sück im Rinnstein, eine römische Konservendose und den Seeweg zur Bäckerei Schmitz entdeckt.

Weil meine Eltern bei dem Thema komisch herumdrucksten, vermute ich, meine Sexualität gleich neben dem Goldschatz zu entdecken, den meine Eltern neulich heimlich im Garten vergraben haben. Davon sollte ich ja auch nichts mitbekommen. Ich hole rasch die Schaufel! Bis gleich!

* * *

Liebe Frau Segebrecht-Bünschlinger,

denken Sie nur: Statt Goldschatz oder Sexualität habe ich unser Kaninchen wiedergefunden. Schnuffel war doch nicht weggelaufen, sondern hatte sich einen sehr tiefen Bau hinter den Mülltonnen gegraben. Jetzt sitzt er wieder in seinem Käfig, aber essen mag er nichts.

Meine Schwester sagt, ich soll in der Nachttischschublade von meinem Vater nachgucken, wenn ich meine Sexualität entdecken will. Da war sie aber auch nicht, sondern bloß Heftchen.

Die konnte ich dann aber gar nicht angucken, weil meine Schwester plötzlich gekreischt hat. Und zwar wegen Schnuffel. Er war nämlich nicht nur total verdreckt, sondern auch tot. Deswegen wollte er also nichts essen. Seitdem ist die Stimmung bei uns zu Hause etwas angespannt.

»Warum hast du das gemacht?«, wollten meine Eltern wissen, als sie das tote Hasentier gesehen haben. »Weil ich meine Sexualität entdecken wollte«, habe ich geantwortet, aber das war falsch, glaube ich. Jetzt soll ich einen Therapeuten bekommen. Dabei hätte ich viel lieber wieder ein Kaninchen, weil ich doch schon neue Möhren für Schnuffel gekauft hatte.

PS: Kennen Sie eine Methode, wie man Filzstift vom Pipimann abbekommt?

* * *

Liebe Frau Segebrecht-Bünschlinger,

endlich! Sie haben mir geschrieben! Und wie höflich Sie waren! Aber wir leben in modernen Zeiten, und Sie müssen Briefe, die für mich bestimmt sind, nicht an meine Eltern adressieren. Wir dürfen durchaus ohne Aufsichtspersonen in Kontakt miteinander treten, finden Sie nicht? Wir sehen uns doch auch jeden Tag in der Schule, Sie entzückendes Dummerchen. So konnte ich von Glück reden, dass ich mit Ihrer Handschrift vertraut bin, andernfalls hätte ich Ihren Brief im Hausmüll womöglich gar nicht gefunden. Meine Eltern gehen mitunter etwas schlampig mit meiner Korrespondenz um, müssen Sie wissen.

Es freut mich, wie enthusiastisch Sie reagierten, als Sie von meinem Therapeuten erfuhren. »Ganz dringend geboten« sei eine solche Maßnahme, schrieben Sie. Leider kann ich Ihre Begeisterung über den Mann nicht ganz teilen. Ich wünsche mir immer noch ein Kaninchen, der Therapeut mag die Möhren nicht fressen, und ich hab noch zwei Kilo.

Immerhin ist er ein guter Zuhörer, wenngleich man dasselbe auch von Schnuffel behaupten konnte. Überhaupt sind sich die beiden nicht unähnlich, auch mein Therapeut verzieht sein Schnäuzchen zu einem ungläubigen Mümmeln, wenn ich ihm meine innersten Geheimnisse offenbare. Wie Sie sich denken können, rede ich meist von Ihnen, während mein Therapeut im Ohrensessel sitzt und mümmelt. Ich glaube, er möchte Sie kennenlernen.

* * *

Liebe Irene,

ich darf Sie doch Irene nennen? Irene! Welch herrlicher Klang! Sie tragen den Namen einer Friedensgöttin, Irene, und deswegen werden Sie mir verzeihen, dass ich Ihren Vornamen mit einer List herausbekommen musste. Immerhin haben Sie sich uns in der Klasse bloß als »Frau Segebrecht-Bünschlinger« vorgestellt, wenngleich Ihre kapriziöse Handschrift viele von uns »Frau Sägefisch-Blödinger« an der Tafel lesen ließ. Doch ich fordere jeden, der diesen Schimpfnamen im Munde führt, zum Duell heraus, vor allem den Seibner-Tommi, diesen stinkigen Fettmops.

Nun aber zu meiner List, die uns später, als Anekdote im Kreis unserer Lieben, manchen Lacher einbringen wird: Wie Sie wissen, geht Referendarin L. ihrer Pausenaufsicht äußerst nachlässig nach. Meist schließt sie sich lieber im Schulklo ein und weint. Das weiß ich von der Melanie aus der 2b, die ihre Pausen genauso verbringt – nur eben in der Kabine daneben. Da sich der Rest des Kollegiums zum Rauchen im Fahrradkeller trifft, steht dem Mutigen zur großen Pause der Weg ins Lehrerzimmer offen. Und so konnte mir das Portemonnaie in Ihrer Lehrertasche das süße Geheimnis Ihres Vornamens entdecken. Ich habe auch eine Fotografie von Ihnen an mich genommen, ich konnte einfach nicht widerstehen. Aber wer ist der hässliche alte Mann neben Ihnen? Ich habe ihn mit Wachsmalern übermalt.

PS: Wollen wir am Wochenende zusammen mit dem Kettcar ins Grüne fahren?

* * *

Meine geliebte I.,

melde mich heute im Telegrammstil, bin außer mir vor Eifersucht. Mein Therapeut entwickelt ein geradezu krankhaftes Interesse an Ihnen. Ich weiß, meine Sorge ist unberechtigt: Was kann Ihnen ein Akademiker mit Doktortitel und eigener Praxis schon bieten, was ein Zweitklässler, der schon ziemlich groß für sein Alter ist, nicht hätte?

Geld kann es nicht sein, davon werden wir bald mehr als genug haben. Ich will mich trotz des ersten Rückschlags wieder der Piraterie widmen. Wie ich Ihnen bereits schrieb, ist die »Irene« bald seetüchtig, weil ich diesmal Uhu benutzt habe, und kann zur ersten Kaperfahrt auslaufen. Zunächst die Pfütze rheinabwärts, dann Sargassosee und Taka-Tuka-Land. Bald werden wir frei sein und können den Zwängen unserer bürgerlichen Existenz gemeinsam entfliehen.

PS: Bitte erschrecken Sie nicht, wenn wir uns morgen sehen: Ich habe mir mit Kuli einen Vollbart ins Gesicht gemalt, um männlicher zu wirken.

* * *

Verehrte Irene,

mein Herz möchte vor Glück zerspringen. Sie haben doch tatsächlich den Wunsch geäußert, meine Eltern endlich persönlich kennenlernen zu wollen. Sollten Ihre Absichten doch ernster sein, als Ihre spärliche Korrespondenz mich erhoffen ließ?

Gleich morgen Nachmittag sollen meine Altvorderen in Ihre Sprechstunde kommen, »um diesem ganzen Unsinn eine Ende zu bereiten«. So nannten Sie unsere *amour fou* in Ihrer burschikosen, aber so ungemein fraulichen Art. Das ist ganz in meinem Sinne, Irene! Schluss mit den fruchtlosen Tändeleien, den verstohlenen Blicken im Unterricht, den heimlichen Kassibern. Wir bekennen unsere Liebe vor der Welt und vor unseren Eltern!

* * *

Geliebte Zukünftige,

es wird Sie bestimmt freuen zu hören, dass auch ich heute Ihrem Vater meine Aufwartung gemacht habe. Nennen Sie mich ruhig einen altmodischen Siebenjährigen, aber ich musste einfach nach alter Sitte um Ihre Hand anhalten. Ihr Herr Papa hat übrigens sehr aufgeräumt reagiert, ganz anders als seine Pflegerinnen prophezeiten. Auf mich machte er einen durchaus wachen und intelligenten Eindruck, auch wenn er mich fortwährend mit »Herr Hauptfeldwebel« ansprach. Allerdings erwies sich der alte Knabe als gewiefter Verhandlungspartner. Auf den soliden Brautpreis von 17,80 Mark, neun Yps-Heften, drei Kaulquappen und sechs fast unbeschleckten Leckmuscheln musste ich tatsächlich noch drei Murmeln drauflegen und Ihrem Vater in die Hand versprechen, den Russen nicht über die Oder zu lassen. So viel sind Sie Ihrem Vater wert, und so viel sollen Sie auch mir wert sein!

Allerdings bin ich nun vollkommen mittellos, da ich mein gesamtes Vermögen habe aufwenden müssen. Das habe ich mit Freuden getan, obwohl mich die neue Mickyvision natürlich auch gereizt hätte. Ich möchte Sie allerdings beschwören, die »ganze Scheiße«, wie Sie Ihren beruflichen Alltag jüngst gegenüber Hausmeister Meschnik zusammenfassten, nicht hinzuschmeißen, weil Sie die »Psychobratzen« nicht mehr ertrügen. Bis ich als Pirat für uns beide sorgen kann, müssen Sie ökonomisch auf eigenen Beinen stehen. Halten Sie durch, es sind bloß noch zwei Jahrzehnte bis zur Rente.

Ein Wort der Warnung: Halten Sie sich von Hausmeister Meschnik fern, Meschnik frisst kleine Kinder, das ist ein offenes Geheimnis, auch wenn die Behörden meinen Hinweisen partout nicht nachgehen wollen. Er lockt die Kinder in den Fahrradkeller, erschlägt sie mit seinem Schlüsselbund und kocht sie dann in einem Bottich mit sauer gewordenem Schulkakao aus. Das weiß ich aus guter Quelle. Die Melanie hat nämlich gesagt, dass die Pia gesagt hat, dass der Michi im Bus gehört hat, wie die Alex dem Ingo das ins Ohr geflüstert hat. Auch der Seibner-Tommi dürfte diesem Unhold zum Opfer gefallen sein. Das ist wesentlich plausibler als die Lügengeschichten, in die er sich verstricken wird, sobald ihn jemand aus dem Fahrradkeller herauslässt. Glauben Sie dem Seibner-Tommi kein Wort! Ich war nicht mal in der Nähe.

PS: Ich habe das Wort »Psychobratze« nicht im Wörterbuch gefunden, sodass ich seine Bedeutung mit meiner Fantasie aufladen muss. Ich glaube, es bedeutet etwas ganz und gar Wunderbares.

Und so verbleibe ich in innigster Verehrung als
Ihre Psychobratze

Der große Osterhasenschwindel – eine hart gekochte Detektivgeschichte

Weil wir unsere Osterkörbchen schon leer gefressen haben, wollen Hennemeyer und ich zum kleinen Blansky. Der hat bestimmt noch Ostereier, so langsam wie der im Hort seinen Teller immer leer isst.

Auf dem Weg durch die Siedlung suchen wir vergessene Osternester, finden aber bloß eine angefangene Flasche Schnaps auf der Schaukel und ein gebrauchtes Kondom unter der Rutsche.

»Es hat einen Riss«, entdeckt Hennemeyer, als er es mit der Lupe untersucht. »Glückwunsch. Deine Schwester ist wieder schwanger«, schlussfolgert er, weil Hennemeyer ein Detektiv ist. Sein Vorbild ist Sherlock Holmes, und deswegen soll ich möglichst bald Medizin studieren, damit ich endlich ein richtiger Dr. Watson werden kann. Dabei möchte ich lieber Bud Spencer werden, weil man für Arzt gut in der Schule sein muss, während für Bud Spencer dick sein reicht.

Gerade versuchen wir, die Existenz des Osterhasen wissenschaftlich zu widerlegen. Glauben tun wir natürlich beide nicht daran, aber es wäre schon besser, wenn man Beweise gegen den Burschen in der Hand hätte. Eine verrückte Geschichte, ich weiß, aber bevor wir eingeschult werden, müssen wir da einfach Gewissheit haben.

Hennemeyer ist an einer interessanten Sache dran. Sie betrifft die Anatomie des Osterhasen.

»Der Osterhase legt die Ostereier wie ein Huhn, richtig?«, fragt Hennemeyer und schaut mit seiner Lupe unter einen Busch. »Das bedeutet, der Osterhase ist logischerweise weiblich und bildet sämtliche Schokoeier in seinen Eierstöcken aus.«

Ich muss kichern, weil Hennemeyer »Eierstöcke« gesagt hat. »Auch Geleefrüchte und Kinderüberraschung?«, frage ich nach.

»Alles«, sagt Hennemeyer ernst und rechnet. »Wenn wir davon ausgehen, dass allein in unserem Block siebzehn Kinder wohnen, die zu Ostern durchschnittlich dreißig Eier im Körbchen haben, wären das hochgerechnet auf die Siedlung summa summarum ...«

Ich kritzele mit Kreide Zahlen auf die Straße und bekomme elfhundert Millionen heraus, Hennemeyer dagegen schätzt die Tagesleistung des Osterhasen im Kopf auf 3.576 Eier. »Bei intaktem Eileiter, wenn nicht irgendwelche Vorerkrankungen vorliegen«, sagt er.

Hennemeyer ist ein ganz schöner Klugscheißer, und deswegen mag ihn außer mir keiner, aber als Detektiv ist er einsame Spitze. Aber trotzdem sollte er aufpassen. Typen, die so unbeliebt sind wie Hennemeyer, stehen immer mit einem Fuß im Heim.

»Jedenfalls reden wir von einem verdammt großen Hasen«, fasst Hennemeyer zusammen. »Ein Riesenhase, der unerkannt durch die Siedlung hoppelt, obwohl die alte Rettich Tag und Nacht am Fenster hängt und jeden verpetzt. Klingt das irgendwie plausibel für dich?«, fragt Hennemeyer.

»Was bedeutet ›plausibel‹?«, frage ich zurück, aber Hennemeyer schüttelt den Kopf.

»Ach, Watson!«, sagt er enttäuscht und klingelt bei der alten

Rettich. »Ich will sie nur ein bisschen aufscheuchen, zeigen, dass wir sie nicht vergessen haben«, erklärt er seine Vernehmungstaktik, aber ich glaube, Hennemeyer ist einfach todessehnsüchtig.

Wir haben nämlich schon mal gegen die alte Rettich ermittelt, als aus unserem Viertel verdächtig viele Kinder verschwunden waren. Wir waren sicher gewesen, dass sie die Kinder eingesperrt hat, um sie zu fressen, aber als die Sommerferien endeten, tauchten sie alle wieder auf. Eine Riesenenttäuschung war das, wir mussten alle Plakate abhängen, auf denen wir vor der Kannibalin gewarnt hatten.

»Können Sie Angaben zum Verbleib dieser Person machen?«, fragt Hennemeyer und hält der alten Rettich ein Osterhasenbild unter die Nase, das er aus einer Zeitschrift herausgerissen hat.

Die Rettich ist zu überrascht, um loszukeifen, und schlägt uns stattdessen die Tür vor der Nase zu.

»Wir behalten Sie im Auge«, ruft Hennemeyer, bis ich ihn wegziehe. Wenn es je einen Osterhasen gegeben hat, hat die alte Rettich ihn längst geschlachtet, überlege ich, und irgendwie macht mich dieser Gedanke unendlich traurig.

»Heulst du etwa?«, fragt Hennemeyer unwirsch.

»Ich habe bloß Rauch im Auge«, behaupte ich und kaue auf meiner Schokoladenzigarette herum.

»Es gibt eine Möglichkeit, wie wir den Osterhasenschwindel auffliegen lassen könnten«, sagt Hennemeyer kurze Zeit später. »Aber manche würden dieses Vorgehen für unethisch halten.«

»Was bedeutet ›unethisch‹?«, frage ich, aber Hennemeyer ignoriert mich. Stattdessen holt er ein dickes, faustgroßes goldenes Krokantei aus der Tasche.

»Wieso gehen wir zu Blansky, wenn du noch so 'n Riesenei hast?«, frage ich.

Hennemeyer schaut mich an und sagt: »Weil im Dienst der Wahrheit manchmal Opfer gebracht werden müssen.«

»Hallo, Blansky«, sagen Hennemeyer und ich im Chor, als Blansky die Tür aufmacht, und präsentieren möglichst lässig unsere selbst gemalten Detektivausweise.

Blansky wird blass, es ist aber auch ziemlich leicht, ihm Angst einzujagen. Außerdem ist der kleine Blansky immer blass.

»Kommen wir etwa ungelegen?«, fragt Hennemeyer höhnisch.

»Ich war's nicht«, stammelt der kleine Blansky.

Aber das sagt er immer, wenn man ihn ein wenig streng anguckt.

Hennemeyer tätschelt ihm die Wange. »Keine Angst, Blansky. Du bist ein kleiner Fisch, du interessierst uns nicht, aber wo sind deine Hintermänner?«

»Die sind noch beim Kaffeetrinken«, erklärt der kleine Blansky und deutet ins Wohnzimmer.

Durch den Türspalt sehen wir Blanskys Familie am Tisch sitzen. Sie spielen Karten und rauchen. Das tun sie immer, und deswegen ist der kleine Blansky auch so blass, sagt meine Mutter.

»Was dagegen, wenn wir uns hier ein bisschen umschauen?«, frage ich. Diesen Satz wollte ich schon immer einmal sagen, denn er stammt aus einem echten Krimi.

»Watson, Watson!«, meint Hennemeyer, aber diesmal klingt es fast bewundernd.

Wir drängeln uns an Blansky vorbei.

Im Wohnzimmer ist die Luft zum Schneiden dick, aber wir

sehen trotzdem gleich, dass wir zu spät gekommen sind. Der kleine Blansky hat sein Osternest bereits restlos beim Mau-Mau verzockt.

Sein eigener Bruder, ein rattengesichtiger Achtjähriger, hat ihn mit uralten Kartentricks aufs Kreuz gelegt, während die Eltern teilnahmslos danebensaßen, betäubt vom Eierlikör und verborgen hinter einer Wand aus Gleichgültigkeit und blauem Dunst. Manchmal frage ich mich, wie lange Hennemeyer und ich noch durch diesen Morast aus Schmutz und Elend waten können, ohne selbst zum Abschaum zu werden. Grinsend sitzt der Bruder vor einem großen Haufen Süßkram und lässt die Karten durch seine habgierigen Finger gleiten. »Lust auf ein Spielchen, Gentlemen?«, fragt er uns höhnisch. »Ich kann euch Kredit geben.«

Dem kleinen Blansky entweicht ein verzweifeltes Winseln, während seine Eltern wie hirntote Zombies auf den Fernseher glotzen, in dem Florian Silbereisen in einem Hasenkostüm über die Bühne hüpft. Sollte am Ende Silbereisen hinter der Sache stecken? Eine abwegige Vorstellung. Außerdem kann das nicht sein, der sendet nämlich seit vier Stunden live aus Böblingen und hat somit ein wasserdichtes Alibi.

»Ist es sehr schlimm?«, wende ich mich wieder Blansky zu, und der nickt zitternd.

»Ich schulde ihm so ein faustgroßes, goldenes Krokantei«, flüstert er. »Wenn er das bis morgen nicht bekommt, macht er mich fertig.«

»So eins?«, fragt Hennemeyer und zieht das goldene Ei aus der Hosentasche. Natürlich hatte ich ihn wieder mal unterschätzt, Hennemeyer hat einfach immer ein Ei mehr in der Hose als alle anderen.

Wie zwei sabbernde Köter glotzen Blansky und ich auf das

glitzernde Ding. Bei uns im Block sind schon Leute wegen einer einzigen angelutschten Leckmuschel ins Gebüsch geschubst worden.

»Ein Vögelchen hat mir gezwitschert, dass du Beweise hast, die den Osterhasenschwindel belegen können«, sagt Hennemeyer unbeeindruckt.

Der kleine Blansky wird noch blasser, wenn die Tapete hinter ihm nicht so vergilbt wäre, würde man ihn vor der Wand gar nicht mehr erkennen.

Er zieht uns in den Flur.

»Das muss aber unter uns bleiben«, raunt er und verschwindet im Schlafzimmer seiner Eltern. Als er wieder herauskommt, versteckt er eine Videokassette unter seinem Hemd.

»Wir waren nie hier«, sagt Hennemeyer und gibt ihm das goldene Ei im Tausch gegen den Film.

Mittlerweile kenne ich den Inhalt des Films und weiß, wer all die Jahre an Ostern die Eier gebracht hat. Aber ich kann nicht sagen, dass mich dieses Wissen glücklicher gemacht hat. Es gibt Dinge auf dieser Welt, die sollte auch der abgebrühteste Sechsjährige nicht mit eigenen Augen sehen müssen.

Blanskys Mutter in einem Hasenkostüm aus Leder gehört ganz sicher dazu.

Und als Hennemeyer und ich das Video am Abend unter der alten Eibe vergruben, taten wir dies, um die Unschuld zukünftiger Generationen für alle Zeiten zu schützen. Für uns freilich war es zu spät, wir hatten die Welt gesehen, so wie sie wirklich ist: nackt, hässlich und mit bemalten Eiern.

Sauron von Nazareth – das Krippenspiel der Pinguingruppe

»Toi, toi, toi«, sage ich zu Maria und spucke nach altem Theaterbrauch über ihre Schulter, allerdings spucke ich so ungeschickt, dass ich ausgerechnet das Jesuskind ins Gesicht treffe.

Das mit dem zielgenauen Spucken ist gar nicht so einfach, wenn man ein Eselskostüm anhat, das einem die Sicht versperrt. Allerdings bin ich gerade nur halber Esel, weil sich mein Hinterteil schon wieder verlaufen hat.

Dabei sind mein treuer Freund, der gute Iwan Iwanowitsch, und ich eigentlich ein eingespieltes Duo und gelten bei uns in der Pinguingruppe als Altmeister der subtilen Tierdarstellung, auch wenn mein geschätzter Kollege beim Publikum mit seinem Naturalismus bisweilen aneckt; etwa, wenn er – einer spontanen Improvisationseingebung folgend – vor den Altar äpfelt. Als fanatischer Strasberg-Jünger interpretiert der gute Iwan Iwanowitsch seine Rollen halt immer sehr aus dem Bauch heraus.

Für das diesjährige Krippenspiel hatten wir uns ursprünglich eine »Guter Bulle, böser Bulle«-Nummer auf den Leib geschrieben, aber nachdem man uns erklärt hatte, dass der Heiland nicht schon in der Krippe verhaftet werden darf und schon gar nicht von den Ochsen, wurden wir wieder zur gemeinsamen Eselei verdonnert.

Dabei verschenkt man viel Spannung, wenn man die spannende Kreuzigungsszene aus dem Krippenspiel streicht. Für das heutige Publikum müsste der langatmige historische Stoff eigentlich deutlich gekürzt werden, aber wer hört schon auf einen halben Esel.

Der Vorteil unseres weitläufigen Eselskostüms ist jedoch, dass wir darunter etwas anderes anhaben können, ohne dass es jemand merkt.

Ich gehe wieder als Elvis.

Nach der berühmten Bibelfigur Elvis von Arimathia, obwohl unsere Kindergärtnerin den schon wieder aus dem Skript gestrichen hat, auch wenn das Publikum seinen unerwarteten Auftritten regelrecht entgegenfiebert.

Ich gehe sogar so weit, zu behaupten, dass wir es im letzten Jahr ohne den Auftritt des Kings gar nicht auf die Titelseite unseres lokalen Käseblatts geschafft hätten.

Bestimmt haben die Zuschauer schon Wetten abgeschlossen, ob Elvis in diesem Jahr vor oder nach der Predigt singen wird. Die Antwort wird die Massen in Entzückung versetzen: Elvis singt diesmal währenddessen.

Der gute Iwan Iwanowitsch indes hat sich unter seinem Eselhintern als Zombie verkleidet, was ich als Anbiederung an den Massengeschmack ablehne. Aber gut, Iwan Iwanowitsch wird bald viereinhalb und hat den Zenit seiner Krippenspielkarriere wohl schon überschritten. Da verwundert es nicht, dass er zunehmend auf Schockeffekte setzt, um sich überhaupt noch für eine Hauptrolle ins Gespräch zu bringen.

Weil im hinteren Kostümteil die Sicht noch schlechter ist als vorne, dockt der gute Iwan Iwanowitsch gerade an einen der Heiligen Drei Könige an, der ihn vergeblich abzuschütteln versucht.

Die beiden sehen aus wie ein Zentaur bei einem epileptischen Anfall. Eigentlich ein hübscher Regieeinfall, der sofort auf die Bühne gehört, aber ich bin ja leider nicht mehr Regisseur unseres Krippenspiels.

Die Kindergärtnerin hat sogar behauptet, ich sei es nie gewesen und hätte mir die ganze Sache nur eingebildet. So wie neulich, als ich angenommen hatte, unsere Pinguingruppe sei von Salafisten unterwandert worden, und dann war es nur der Nikolaus gewesen, aber da hatte ich die Polizei ja schon angerufen. Aber man sollte wirklich mal überlegen, ob so ein Typ mit Bart, der heimlich Gepäckstücke in Schuhen versteckt, heutzutage überhaupt noch tragbar ist.

Unser Jesuskind ist auch eine komplette Fehlbesetzung, weil dieser Junge eigentlich mehr so der Herodestyp ist. Er neigt ebenfalls zum Infantizid, und ich stehe ganz oben auf seiner Todesliste, weil ich mich weigere, ihn Sauron oder Dunkler Beherrscher der Welt zu nennen. Dabei nennen ihn sogar seine eigenen Eltern so, und die kennen ihn schließlich am besten.

»Das ist ein alter Theaterbrauch, es bringt Glück«, erkläre ich Sauron die Spuckerei. Aber irgendwie besänftigt ihn meine Antwort nicht wirklich.

Er starrt mich aus seinem einen blutunterlaufenen Augen an, das andere ist nämlich mit einem Pflaster überklebt, weil er so schrecklich schielt. Ich rieche Fäulnis, Butterkeks und Alkohol in seinem Atem, und als er mir ganz genau erklärt, was er mit meinen Eingeweiden vorhat, wenn ich ihn noch mal anspucke, kratzen mir seine Bartstoppeln über das Gesicht.

Eigentlich hätte Sauron längst eingeschult werden müssen, aber ein uralter Fluch lastet auf ihm, der verhindert, dass er eine Schleife binden oder seine ausgestreckten Zeigefinger vor der Brust zusammenführen kann.

Deswegen ist er zu einem ewigen Dasein im Fegefeuer des Kindergartens verdammt, das ihn immer böser und heimtückischer werden lässt. Allerdings auch immer älter.

Mittlerweile kommt er mit dem eigenen Mofa, heißt es.

Neulich haben wir diskutiert, ob es den Teufel gibt oder nicht. Sauron war dafür, aber die Kindergärtnerin hat gesagt, es sei kein richtiges Krippenspiel mehr, wenn am Ende der Teufel gewinnt. Außerdem gebe es den Teufel gar nicht, hat sie gemeint, aber direkt neben ihr hat Sauron gesessen, viehisch gegrinst und ganz deutlich nach Schwefel gerochen.

»Das ist bloß seine Aknesalbe, die so riecht«, hat die Kindergärtnerin behauptet, aber darauf sind wir nicht hereingefallen und haben Sauron nach einem Teufelsmal abgesucht, als er seinen Mittagsschlaf gehalten hat.

Natürlich haben wir das Mal gefunden. In flammendem Rot prangte es auf seinem Rücken, aber die Kindergärtnerin hat behauptet, das habe jemand mit Wasserfarbe draufgemalt, und gefragt, warum ich einen Pinsel in der Hand hielte.

»Weil das Volk dumm ist und zuweilen auf das Offensichtliche hingewiesen werden muss«, habe ich gesagt, aber das hat sie nicht gelten lassen.

Zur Strafe hat die Kindergärtnerin angeordnet, dass Sauron in diesem Jahr das Jesuskind spielen darf, damit er sich von allen Kindern in der Pinguingruppe angenommen fühlt.

»Der passt aber nicht in die Krippe«, habe ich das wiederum Offensichtliche ausgesprochen.

»Dann bauen wir unserem Jesuskind alle zusammen eine neue, damit es sieht, wie lieb wir es haben«, hat die Kindergärtnerin geflötet, aber das hat nicht geklappt, weil für diese Monsterkrippe einfach nicht genug Legosteine da waren.

Deswegen müssen Maria und Josef in diesem Jahr um einen Sarg herumstehen, den Iwan Iwanowitsch billig auf dem Flohmarkt gekauft haben will, obwohl noch Erde dranklebt, und ich habe sicherheitshalber einen Holzpflock hinter dem Feuerlöscher versteckt. Bei Sauron weiß man schließlich nie.

Eigentlich steht bloß Maria am Sarg, weil Josef so viel Angst vor dem Jesuskind hat, dass er nur noch mitspielen will, wenn er bei seiner Mutter auf dem Schoß sitzen darf, und zwar in seinem eigenen Kinderzimmer.

Er wird deswegen per Internet zugeschaltet und soll sich über einen Laptop zu Wort melden, den einer der drei Weisen aus dem Morgenland herumschleppen muss. Allerdings benutzen die Weisen den Rechner lieber, um mit Landsleuten zu skypen.

Sie sind tatsächlich frisch aus dem Morgenland eingetroffen und verstehen kein Wort Deutsch, worum ich sie herzlich beneide, weil unsere Kindergärtnerin schon wieder eine ihrer berüchtigten Inspirationsreden hält.

Die drei Weisen sind mit einem Schlauchboot übers Meer gekommen, und so wie sich unsere Krippenspiele erfahrungsgemäß entwickeln, hoffe ich, dass sie nicht vergessen haben, wo sie das Ding geparkt haben. Wir werden es vermutlich alle sehr bald brauchen.

Josef meldet sich zu Wort, obwohl die Show noch gar nicht angefangen hat. Der kleine Klugscheißer hat in der Zwischenzeit Arabisch gelernt, und gibt bekannt, dass wir in Kürze die Ankunft von dreihundert weiteren Weisen aus dem Morgenland zu gegenwärtigen hätten, er könne in der Erstaufnahmestelle aber auch weitaus mehr auftreiben. Er soll mal machen, signalisieren wir ihm, Weisheit oder wenigstens Unterstützung haben wir hier bitter nötig.

Die Hirten tauchen nämlich nicht auf. Und als sie sich

schließlich doch ans Set bequemen, ist die Enttäuschung groß. Zwar haben sie wie versprochen eine echte Schafherde auftreiben können, aber blöderweise sind die Viecher halbiert und tiefgefroren.

»Das stand bei Ebay nicht dabei«, verteidigt sich der Vater des Oberhirten, bietet aber immerhin an, die Tiere wieder zusammenzutackern. Er stellt sich sehr ungeschickt an, und als er damit fertig ist, sieht der Altarraum aus wie eine Weihnachtsausgabe von den Körperwelten, in deren Mitte ein Sarg steht.

Ich bin trotzdem froh, dass es ausgerechnet uns obliegt, unseren Neubürgern die abendländische Kultur näherzubringen. Was Krippenspiele angeht, sind wir von der Pinguingruppe trotz aller Lust am Experiment nämlich echte Traditionalisten.

»Ich bin Sauron von Nazareth«, grölt Sauron dem Publikum entgegen, als er auf die Bühne wankt und sich in den Sarg plumpsen lässt. Schon da bin ich sicher, es wird auch diesmal eine gute Show werden.

Das Geheimnis der Weihnacht – eine sentimentale Weltraumoper

Breitbeinig stand Kommandantin Noel auf der Brücke der »Reindeer«, eines dreistrahligen Klabusterschlittens der Frappantenklasse und bellte ihre Befehle.

»Holmt den Rank an die Klamüse und preekt den Spleiß!«, brüllte sie und zwirbelte die Ausläufer ihrer rechten Augenbraue zu einem Tannenbäumchen.

»Ho, ho, ho«, bestätigte Lieutenant Frost den Befehl, ließ die Rentiere in einen leichten Trab fallen, damit sie beim Eintritt in die Stratosphäre nicht scheuten, und blickte ihre Chefin bewundernd an.

Trotz ihrer acht Millionen Jahre war Noel eine stattliche Erscheinung. Bestimmt brachte die Kommandantin noch immer das Gewicht eines ausgewachsenen Mastochsen auf die Waage, ihre befehlsgewohnte Stimme war unverändert dröhnend und laut, und auch ihr Bart, der in langen Wellen über den mächtigen Bauch fiel, hatte noch immer das makellose Weiß frisch gefallenen Schnees.

Ob sie schon färbte?, fragte sich Lieutenant Frost, die als Angeluswesen über keinerlei Bartwuchs verfügte. Sie selbst hatte sich das schütter werdende Haupthaar unlängst durch Lametta ersetzen lassen. Zur Feier des Tages hatte sie einen geflochtenen Myrtenkranz aufgesetzt, der mit brennenden Kerzen bestückt war. Immerhin würden sie in wenigen Stunden Kontakt mit einer fremdartigen, wenn auch primitiven Zivilisation aufnehmen, und da machte man besser was her.

Lieutenant Frost neidete ihrer alten Kameradin den prächtigen tonnenförmigen Körperbau. Die vielen Pfunde schienen auch Noels Worten zusätzliches Gewicht zu geben, jedenfalls hatte Frost bei den zahlreichen gemeinsamen interstellaren Einsätzen noch nie erlebt, dass jemand der Kommandantin widersprochen hätte.

Auch die Erdlinge würden sich sicherlich bald in ihr Schicksal ergeben, immerhin sollte sie die Erstmission auf ihre dienende Rolle vorbereitet haben.

Und wenn sie sich weigerten? Nun, dann würde man eben die Perchte entfesseln müssen, die im Frachtraum schlummerte und dort von Tod und Zerstörung träumte. Für den Flug hatte man das Ungetüm in einen somnambulen Zustand versetzt, nur manchmal hörten sie auf der Brücke das Klirren der schweren Ketten oder ein schauriges Heulen, wenn der Schlitten unsanft durch ein schwarzes Loch gerumpelt war.

Frost erschauerte bei dem Gedanken an die Perchte.

Es war ein Fehler gewesen, dieses urtümliche Wesen, das jahrtausendelang im Inneren ihres Planeten geschlafen hatte, zu wecken und als Waffe zu missbrauchen. Wie alle Hyperboräer war Lieutenant Frost überzeugt von der zivilisatorischen Mission ihrer Rasse, doch missbilligte sie die Kolonialpolitik, die sich allzu bereitwillig des Terrors bediente, wenn es fremde Welten zu erobern galt. Denn wie sollten die unterworfenen Völker die Liebe der Altbärtigen entdecken, wenn sie vor der Perchte zittern mussten, die ihre Städte zerstörte, ihre Äcker verbrannte und ihre Erstgeborenen raubte.

Frost hoffte, dass es so weit nicht kommen würde. Wenn die Erstmission ordentlich gearbeitet hatte, würden die Erdlinge bereitwillig die Knie vor der großen bärtigen Mutter beugen, aus deren Schoß auch sie einst gekrochen waren.

Kritisch beäugte die Lieutenant ihr Spiegelbild in der Schneekugel, die ihr beim Navigieren durch Zeit und Raum half. Für ein altes Huhn, wie sie es war, waren ihre Flügel noch recht ansehnlich, befand sie, die Schwungfedern biegsam und robust, als sei sie gerade erst flügge geworden, die Daunen weich und ölig wie bei einem Küken. In einem Anflug von Eitelkeit spreizte die Lieutenant ihre weiten Schwingen, sodass Sternenstaub mit silbrigem Klingeln aus ihnen herausrieselte.

»Lass die Fisimatenten, Frost«, brummte Kommandantin Noel und wischte sich den Staub aus den Augen. »Für die Erdlinge wird es allemal reichen. Das ist ja schon ein paar Äonen her, dass die ein Angeluswesen zu Gesicht bekommen haben.«

Na Danke schön, dachte Lieutenant Frost. Ein Kompliment war das ja nicht gerade. Wie es sich für die Kommandantin eines hyperboreischen Raumschlittens gehörte, steckte Noel in der roten Uniform des traditionsreichen Expeditionkorps, die an den Ärmeln und am Kragen mit weißen Pelzborten besetzt war. Auf dem Kopf trug sie eine phrygische Mütze mit Bommel, die sie nicht nur als Kommandantin des Schlittens, sondern auch als Priesterin der Altbärtigen auswies.

Ein erhabener Anblick, wie Frost immer wieder bewundernd feststellen musste.

»Brokt die Fiere an den Bram!«, riss sie ein weiterer Befehl aus ihren Gedanken.

Die Lieutenant tat wie geheißen, gab ihrerseits ein paar knappe Anweisungen und sah zu, wie die Besatzung behände über die Rücken der Rentiere tänzelte, von Kruppe zu

Kruppe sprang, schließlich die Mähnen herabkletterte, um vorsichtig die Fiere zu lösen, damit der schwere Bram aus gepunztem Titan in Abwärtsstellung gebrokt werden konnte.

Die Tiere bäumten sich auf, unter ihren mächtigen Hufen zersplitterte ein Komet sowie ein noch aktiver Satellit, was dazu führen sollte, dass der Fernsehempfang am Heiligen Abend empfindlich gestört sein würde, doch dann verlangsamte der Schlitten seinen Flug, und die Rentiere schnaubten gutwillig.

Auf ihre Wichtel war eben Verlass, dachte Frost, niemand brachte mehr Fingerspitzengefühl im Umgang mit diesen Kolossen auf als die fragilen, aber zähen Gnome, die in enger Freundschaft mit den Rentieren verbunden waren. Manchmal heirateten sie sogar untereinander oder lösten Kreuzworträtsel zusammen, was als ungleich größerer Vertrauensbeweis galt.

Es zischte, und die Kobalthufe der Rentiere begannen, Funken zu schlagen. Gleich würden die Erdlinge den Schlitten wie einen verglühenden Kometen am Firmament sehen können. Dann durften sie sich etwas wünschen, hatte Frost während ihrer Ausbildung gelernt. Die Erfüllung von Wünschen spielte in primitiven Kulturen wie der terranen eine derart wichtige Rolle, dass die Erstmission ihr Narrativ entsprechend angepasst hatte.

Vor einer drittel Trikade – in der Zeitrechnung der Erdlinge vor etwa zwölftausend Jahren – hatte Hyperborea schon einmal einen Schlitten entsandt, um die Menschen auf die Ankunft ihrer zukünftigen Beherrscher vorzubereiten.

Das war Standardprozedur bei Planeten mit Kulturen niederer Komplexität. Eine Priesterin hielt sich für eine Weile unter den Geschöpfen auf, solange deren Zivilisation noch jung und formbar war, bedachte die Anführer mit Geschenken und versuchte, das Volk von der Liebe der Altbärtigen zu überzeugen.

War der Keim der Anbetung einmal gesät, zog sich das Expeditionskorps zurück, um den einheimischen Eliten die Gelegenheit zu geben, eine Priesterinnenkaste auszubilden, mit deren Hilfe der Planet schließlich beherrscht werden konnte.

Lieutenant Frost hatte dergleichen schon allzu oft erlebt, um sich noch Illusionen hinzugeben, dass es bei diesen Missionen um etwas anderes als um eiskalte Machtpolitik ging. Und dennoch berührte sie die tiefe Frömmigkeit, die viele der Völker in den Jahrtausenden entwickelten, die zwischen den Missionen lagen.

Davon zeugten zahlreiche Monumente und Tempelfriese in fernen Galaxien, die oftmals die Ankunft eines mit Geschenken beladenen Schlittens zeigten. Natürlich gab es auch Abweichungen und Häresien. Die Hirschwesen von Alpha Centauri hatten hartnäckig die Rentiere angebetet, bis man ihnen die Perchte auf den Hals gehetzt hatte. Auf dem Aldebaran hatte sich gar ein Wichtelkult gebildet, der allerdings geduldet wurde, weil er so wahnsinnig niedlich war.

Die Erdlinge schienen eine besondere Schwäche für Angeluswesen entwickelt zu haben, wenn man den Informationen Glauben schenken durfte, die der Nachrichtendienst aus den schwachen Ätherwellen der Terraner gefiltert hatte. Aber insgesamt, so hatten die Dienste versichert, waren die Wesen zu wenig fantasiebegabt, um sich wirklich frappierende Abweichungen auszudenken.

Mittlerweile durchschnitt der Schlitten schon die dicke Wolkenschicht, die die Nordhälfte des unwirtlichen Planeten halbjährig zu umhüllen schien.

Ein unbekanntes Fluggerät terrestrischen Ursprungs kreuzte den Weg der Hyperboräer. Die Kommandantin entbot den intergalaktischen Fliegergruß, und auch Frost stimmte in das freundliche »Ho, ho, ho!« ein. Die Rentiere blökten ausgelassen, und aus dem Frachtraum grunzte die Perchte. Hinter den winzigen Fenstern ihrer fliegenden Metalldose machten die Erdlinge große Augen. Besonders intelligent schienen diese Wesen nicht zu sein, befand Frost enttäuscht, jedenfalls waren sie ziemlich leicht aus der Fassung zu bringen, denn ihr Fluggerät geriet ins Trudeln und stürzte ab.

Wie konnte man so empfindlich sein? Immerhin waren sie hier nicht im Mutterschlitten aufgekreuzt, der auf dem winzigen Planeten ohnehin keinen Platz gehabt hätte, sondern bloß mit einem dreistrahligen Klabusterschlitten der Frappantenklasse.

Als Landeort hatte Kommandantin Noel einen kleinen Flecken ausgewählt, eine offenbar unbedeutende Handelsniederlassung, die in der Sprache der Terraner »Los Angeles« genannt wurde, was tatsächlich auf eine besondere Verehrung der Angeluswesen hindeutete.

Allerdings, so musste Frost bei einem Blick auf ihre Schneekugel gerade feststellen, hatte sie beim Errechnen des Landeanflugs etwas gepatzt.

Offenbar würden sie doch etwas weiter nordöstlich niedergehen.

Kaum dass sie den Ozean hinter sich gelassen hatten, überquerten sie auch schon ein paar Gebirge, ließen eine nichtssagende Flusslandschaft hinter sich und steuerten schließlich eine Ortschaft an, die sogar noch unbedeutender schien als der kleine Weiler mit dem Angelusnamen.

Keines der Gebäude zählte über dreißig Stockwerke, und

einen öffentlichen Raketennahverkehr oder einen Hyperraumbahnhof schien es auch nicht zu geben.

Die Häuser kauerten eng aneinandergedrängt in langen, monotonen Reihen und waren fest im Erdboden verankert, was Frost sehr unpraktisch erschien, wenn man die Städte umdekorieren wollte.

Besonders pittoresk war dieser Planet ja nicht gerade. Auch die spärliche Vegetation enttäuschte Frost. Namentlich die Bäume glichen ja eher Setzlingen.

Kein Wunder, dass die terranen Städte die luftige Eleganz der Metropolen Hyperboreas vermissen ließen. Auf ihrem Heimatplaneten siedelte man auf gewaltigen Nadelbäumen, die schon da gewesen sein mussten, bevor die ersten Schwestern der Altbärtigen auf ihren Schlitten angekommen waren. Frost selbst bewohnte eine schmucke Glaskugel, die etwas außerhalb an einem netten, ruhigen Zweig hing. Dennoch waren die Geschäfte in Stammnähe fußläufig zu erreichen, und auch abends musste man keine Angst haben, über eine schief gewachsene Nadel zu stolpern, denn der gesamte Zweig wurde von Wachskerzen erleuchtet.

In der nächsten Dokade würde die Stadt jedoch neu geschmückt werden, da würde Frost versuchen, einen Platz näher an der Spitze zu ergattern, auch wenn es in den Strohsternen dort oben nachts lausig kalt sein sollte.

Ganz entzückend hingegen fand Lieutenant Frost die kleinen Modelle von hyperboreischen Städten, die die Terraner in ihren Gärten aufgestellt hatten. So eines würde sie als Souvenir mitnehmen.

Im Vorbeifliegen hatte die Lieutenant schon eine Angelusskulptur von einer Hauswand gepflückt, die sich gut in ihrer Sammlung primitiver Artefakte machen würde.

Überhaupt blinkten an vielen Behausungen primitive, aber durchaus eindrucksvolle Abbilder der Altbärtigen auf ihrem Schlitten.

Die Erstmission hatte offenbar ganze Arbeit geleistet.

Die Expedition landete schließlich auf dem Dach eines Gebäudes, das ein besonders wichtiges Heiligtum darstellen musste, denn es war über und über mit religiösem Zierrat geschmückt. Nun suchten sie nach der Einstiegsluke, um den Terranern ihre Aufwartung zu machen und ihnen die Befehle der Altbärtigen zu verkünden.

Nach einiger Zeit fanden sie zwar ein gemauertes Türmchen, doch schien das Gelass zu eng für den prächtigen Leibesumfang der Kommandantin.

»Man könnte die Perchte bitten, ein größeres Loch hinzuatmen«, schlug einer der Wichtel vor, doch Kommandantin Noel winkte ab und stürzte sich kopfüber in den baufälligen Kamin von Otmar Liewald.

Erschöpft ließ Otmar die Haustür hinter sich zufallen. Das war's, dachte er. Das war meine letzte Saison, das mache ich nie wieder. Doch dann dachte er an seine Fallmanagerin mit dem säuerlichen Lächeln, an die Stromrechnung nach der Adventszeit und an all die Aufmerksamkeit, die ihm zuteilwurde, wenn er sein goldenes Buch zückte. Otmar hasste Weihnachten, und er liebte Weihnachten.

Er dachte an die Einladungen, die er sonst nie und nimmer bekommen würde, und an die Häuser, die ihm offenstanden, wenn er in seinem roten Mantel dort anklopfte. Er dachte an all die Tupperdosen mit den Resten vom Weihnachtsessen, die man ihm zusteckte, und an die Silberlöffel, die er selbst einzustecken pflegte. Aber nur, wenn sich die Kundschaft unbotmäßig benahm oder seine finanzielle Lage allzu ausweglos erschien. Beide Umstände traten allerdings in derart erschreckender Häufigkeit auf, dass sich Otmar längst nicht mehr auf Silberlöffel beschränkte, sondern mitunter den halben Gabentisch abräumte, wenn es die Umstände erlaubten.

Als Weihnachtsmann hatte er ein Gespür für solche Umstände. Schon im Hausflur, wenn er sein »Ho, ho, ho!« rief, registrierte Otmar, wie es um den Familienfrieden bestellt war.

Gerade eben noch hatte er eine höchst einträgliche Bescherung in einer hausgewordenen Scheußlichkeit aus Glas und Stahl zelebriert, die ein größenwahnsinniger Architekt ins Villenviertel geklotzt hatte.

Dort hatte ihm die Gastgeberin gleich zu Beginn ein Bulletin über die herausragenden schulischen Leistungen der Kinder in die Hand gedrückt, das Otmar vor der Geschenkübergabe zu verlesen hatte. In Stil und Ton hatte der Text den Erfolgsmeldungen geglichen, die die oberste Heeresleitung nach Stalingrad in den Führerbunker gekabelt hatte. Der Krieg war längst verloren, aber der Wahnsinn ungebrochen.

Die beiden angeblich hochbegabten Kinder, zwei stupide in ihre Smartphones glotzende präpubertäre Monster, hatten den Sermon teilnahmslos über sich ergehen lassen, während Otmar auf einen fetten Briefumschlag auf der Anrichte geschielt hatte, der den Vornamen der Gastgeberin trug.

Offenbar ein Ablassgeschenk des Gatten, der nervös in der riesigen Sitzlandschaft aus schwarzem Kalbsleder herumrutschte. Keine Frage, der Mann hatte an diesem Abend noch anderes vor.

Und während die Gastgeberin mit hektischen Flecken auf den Wangen herumhühnerte und mit schriller Stimme ihren Lieben das Bekenntnis abverlangte, wie schön sie es doch hätten, hatte Otmar den Brief einfach eingesteckt. Und die Whiskykaraffe, die danebenstand, ebenso.

Er hatte sich nicht einmal bemüht, so etwas wie ein Ablenkungsmanöver zu inszenieren. Es hatte ohnehin niemand auf ihn geachtet.

Und als Otmar im Flur seinen Sack schulterte und sich mit einem Schluck Whisky für den Heimweg rüstete, hörte er schon, wie die Kriegshandlungen aufgenommen wurden.

Die Hausherrin beschuldigte ihren Mann, das Geld selbst wieder eingesteckt zu haben, um es »mit dieser Hure durchzubringen«. Der Gatte dementierte nicht einmal, obwohl er Grund dazu hatte, verbat sich aber, dass dieses Gespräch vor den Kindern geführt würde. Die wiederum gaben an, ohnehin Bescheid zu wissen, wurden jedoch unter Protest aus dem Zimmer geschickt.

Dann klirrte es ebenso gewaltig wie kostspielig, und der Weihnachtsmann ließ die Tür ins Schloss fallen.

Otmar nahm noch ein tiefen Schluck aus der Kristallkaraffe, ließ sich dann in sein eigenes, verschlissenes Sofa fallen und öffnete den Briefumschlag.

Ein schlechtes Gewissen hatte er nicht. Warum auch? Er hatte an diesem Abend neben acht weiteren Familien, bei denen er höchstens ein klitzekleines Andenken mitgenommen hatte, zwei Kinderkrankenhäuser, ein Senioren- und sogar ein Tierheim beschert. Otmar hatte sich von einer einäugigen Katze vollpinkeln und von einer Greisin mit Mundgeruch abbusseln lassen, die in ihm partout ihren längst verblichenen Heinz erkennen wollte, und hatte einem Kind auf der Intensivstation Geschenke überreicht, mit denen es nie spielen würde.

Damit hatte er kein Problem. Er war schließlich der Weihnachtsmann. Aber warum sollte ausgerechnet der am Heiligen Abend leer ausgehen? Das war doch nicht gerecht.

Dies also dachte Otmar, während er die Scheine zählte und den letzten Schluck Whisky durch seine Kehle rinnen ließ. Dann rauschte und schabte es in seinem baufälligen Kamin, und bevor Otmar noch »Verdammte Marder!« denken konnte, plumpste eine beleibte Gestalt in die seit Jahren erloschene Feuerstelle und rappelte sich erstaunlich behände auf.

Das ist der Weihnachtsmann, durchfuhr es Otmar, als er die Gestalt in ihrer ganzen Pracht sah. Natürlich wusste Otmar, der die Rolle seit nun bald dreißig Jahren gab, dass es so etwas wie den echten Weihnachtsmann nicht geben konnte, aber sein Gefühl flüsterte ihm gerade etwas gänzlich anderes ein. Vor ihm stand der Weihnachtsmann, da war Otmar ganz sicher.

Dieses Gefühl hatte er zuletzt als Vierjähriger am Weihnachtsabend des Jahres 1962 gehabt, bevor er den Weihnachtsmann wenige Stunden später ohne Hose und mit verrutschtem Bart in der Küche mit seiner Mutter entdeckt hatte.

»Wir kommen, um über euren Planeten zu herrschen!«, sagte der Weihnachtsmann, während Otmar an der Gestalt herumfummelte wie einst der ungläubige Thomas an seinem auferstandenen Heiland. Er musste den Weihnachtsmann einfach anfassen, sonst würde er womöglich verschwinden.

Der Bart war echt, kein Zweifel, dachte Otmar, immerhin hatte er mehrmals daran gezogen. Und doch fühlte er sich seidiger und weicher an als alles, was er je gefühlt hatte, und vor allem als das armselige Wattegebimmsel, das vor seinem eigenen Kinn baumelte.

»Neigt die Knie vor der Altbärtigen, dann wird der Friede

der Mutter über euch kommen«, brummte der Weihnachtsmann in einem sanften Bariton, der klang, als würde man Karamellstücke in Honigmilch versenken.

Otmar achtete nicht auf den Sinn der Worte. Er wollte sich bloß noch in die Arme des Weihnachtsmannes werfen, um dort zu weinen, bis man ihn sanft aufheben und ins Bett tragen würde. Diese Reaktion hatte Kommandantin Noel natürlich ebenso erwartet wie herausgefordert. Immerhin war sie eine interstellare Missionarin der höchsten Gewichtsklasse, da wusste man, wie man aufzutreten hatte, damit sich die Wilden brav in ihr Schicksal fügten.

Das Erfolgsrezept war eine Mischung aus geleiteter Autosuggestion, penibler Bartpflege und einem jahrhundertelangen Stimmtraining, bei dem man die Vokale so zu dehnen lernte, dass sich ganze Kompendien unterbewusst wirkender Botschaften darin unterbringen ließen.

Allerdings würde die Abgesandte der Altbärtigen den armen Otmar nicht ins Bett, sondern über kurz oder lang in die unterirdischen Christstollen Hyperboreas bringen, denn dort herrschte gerade ein eklatanter Mangel an Arbeitssklaven. Aber so war das eben mit vermeintlich besonders hoch stehenden Zivilisationen, die hatten alle ihre schmutzigen Geheimnisse.

Und vermutlich hätte Otmar die vollständige Kapitulation der menschlichen Rasse sofort unterschrieben, wenn in diesem Moment nicht auch noch der Engel der Weihnacht durch seinen Kamin gerauscht wäre.

»Da!«, sagte Otmar und zeigte wie ein verdutztes Kleinkind auf Lieutenant Frost. Mehr fiel ihm nicht dazu ein. Das menschliche Gehirn ist nicht dazu ausersehen, Begegnungen mit Wesen zu verarbeiten, die in mehr als vier Dimensionen erfahrbar sind. Und als Lieutenant Frost das letzte Mal nachgezählt hatte, war sie simultan in dreizehn Dimensionen unterwegs gewesen. Manchmal fand sie sich selbst ein wenig kompliziert.

Die Lieutenant öffnete ihre Schwingen, schüttelte den Ruß von ihnen ab und spreizte ihr Gefieder, sodass Sternenstaub in silbernen Wolken herausstob. Otmar wollte angesichts dieser unfassbaren Schönheit zu einem fettigen Fleck auf dem Boden zerschmelzen, nässte sich aber bloß vor Begeisterung ein, damit schaffte er es immerhin, einen Fleck zu hinterlassen.

Dann beugte der Engel sich zu ihm nieder, wandte Otmar das makellose, strahlende Gesicht zu und sprach: »Nett haben Sie's hier. Sind Sie die Hohepriesterin dieses Tempels?«

Das war zu viel für Otmar und seinen altersschwachen Organismus, dessen Sparflamme seit Jahren bloß noch mit Kaffee, Zigaretten und weihnachtlichen Raubschnäpsen gefüttert worden war.

Von der Herrlichkeit des Engels geblendet, verlor er das Bewusstsein und kippte hintenüber.

Als Otmar wieder erwachte, sah er seinen Heimatplaneten in den Tiefen des Alls verschwinden. Er fand sich auf der Rückbank eines riesigen Schlittens in einer Art Krippe liegend vor. Neben ihm stand ein Weihnachtsbaum aus Plastik und ein grinsender Baumarktengel, der tapfer sein »Jingle Bells« in die Weiten des Weltraums quäkte.

Auf einer Art Kutschbock vor ihm stand der Weihnachtsmann neben dem Engel, wobei Letzterer eine Art Leine hielt, an der etwas hing, das Otmar als eine Herde Mammut-Rentiere beschrieben hätte, wenn sein Gehirn nicht schon wieder den Riegel vorgeschoben hätte. »Mit Details beschäftigen wir uns später«, riet Otmars Hirn eindringlich. »Jetzt analysieren wir erst mal die Gesamtsituation: Wir sind offenbar vom Weihnachtsmann entführt worden. Was tun wir?«

Otmar plädierte auf eine neuerliche Ohnmacht, doch sein Gehirn wollte unbedingt diese Gesprächsfetzen verarbeiten, die es gerade aufschnappte.

»Ich hab doch gleich gesagt, dass dieser Planet die lange Anreise nicht lohnt«, sagte das Engelwesen, wobei es nicht wirklich sprach, vielmehr tanzten seine Worte als Lichtpunkte durch den Weltraum. Erst nach einer Weile gelang es Otmar, wenigstens ein paar der unbekannteren Dimensionen des Wesens auszublenden, indem er sich heftig auf den Hinterkopf schlug.

»Nichts hast du vorher gesagt«, blökte der Weihnachtsmann zurück, der jetzt weitaus weniger karamellig, sondern vielmehr stinksauer klang. »Es ist immer dasselbe. Bloß weil meine feine Lieutenant einen Helferkomplex hat und sich zu fein ist, Planeten zu versklaven, werde ich nicht befördert!«

Der Engel seufzte. Es stimmte ja. Auf dem letzten Quasar, den sie unterjochen sollten, hatte es putzige Gallertwesen gegeben, die ganz entzückend wabbelten, wenn man sie kitzelte. So was Niedliches konnte man doch nicht in die Christstollen schicken. Stattdessen wohnten zwei von ihnen jetzt in Frosts Wohnkugel, wo sie wie Nacktschnecken an der Innenwand klebten.

Und als sie auf dem Sirius den Schrecken der Perchte entfesseln sollten, hatte sie behauptet, den Schlüssel zum Frachtraum vergessen zu haben, obwohl er in ihrer Tasche steckte. Und auf dem Rückweg war die Kommandantin ausgeflippt, weil es plötzlich sirianisch aus dem Handschuhfach getschilpt hatte.

»Wie viele Streuner willst du eigentlich noch einsammeln?«, wollte der Weihnachtsmann wissen.

Frost sah sich nach ihren Mitbringseln um und zuckte mit den Achseln.

»Ach, komm. Du fandest es auch niedlich, wie sich das Ding eingepullert hat«, sagte der Engel dann.

»Pah, Menschen!«, sagte der Weihnachtsmann verächtlich.

»Heißen die so?«, fragte die Lieutenant.

Der Weihnachtsmann nickte.

»Viel entgeht uns da nicht, glaube ich. Wenn dieses Würstchen die Hohepriesterin sein soll, dann kannst du diese ganze Zivilisation doch in der Pfeife rauchen.«

Der Weihnachtsmann dachte nach. Das stimmte natürlich, auch wenn sie das Rauchen längst aufgegeben hatte.

»Ich glaube, es ist nicht mal ein Weibchen«, sprach der Engel weiter. »Jedenfalls ist der Bart nicht echt.«

»Männer im Priesteramt!«, kicherte der Weihnachtsmann. »Auf die Idee muss man erst mal kommen.«

»Was sagen wir denen zu Hause?«, fragte der Weihnachtsmann nach einer Weile.

»Dass der Planet verseucht ist«, antwortete der Engel. »Kommt ja auch hin, so wie es da gerochen hat.«

Das Godzilla-Evangelium

Jesus saß in der Küche des Herrn und rupfte einen Engel, aber bloß einen kleinen, schmächtigen, der nicht besonders viel Fleisch hergab. Einen Suppenengel halt. Gestern hatte es Bratengel gegeben, den mochte sein Vater viel lieber, dabei sollte er in seinem Alter wirklich nicht mehr so fett essen. Gott wurde nämlich zu dick. Stattlich war er ja schon immer gewesen, aber mittlerweile schleppte der Herrgott eine Plauze herum, die er mit einem ebenfalls immer üppiger wuchernden, weißen Vollbart zu kaschieren suchte, der längst bis zum Boden reichte.

Aber statt einfach mal eine Manna-Diät zu versuchen oder wenigstens nicht schon zum Frühstück fette Putte zu naschen, hatte Gottvater einfach ein Bilderverbot erlassen. Wenn überhaupt, waren den Kunden bloß noch Porträtaufnahmen ihres Gottes erlaubt, bei denen Wölkchen über die Problemzonen gemalt werden mussten. Eher Wolkengebirge als Wölkchen natürlich, denn bekanntlich ist Gott ziemlich groß.

Das war wieder so typisch, fand Jesus. Auf Ikonen sah Jesus ja auch immer aus, als hätte ihn gerade der Blitz beim Scheißen getroffen, ohne dass er gleich Armageddon ausrief. Als Heiland stand man halt im Licht der Öffentlichkeit, da musste man schon ein wenig die künstlerische Kontrolle über das eigene Bild an die Gläubigen abgeben, aber das hatte sein Vater ja noch nie besonders gut gekonnt.

In Wahrheit sah der Herrgott auch längst nicht mehr aus wie ein gütiger Opa mit Rauschebart, sondern wie ein übergewichtiges Schaf, das man seit einer Ewigkeit zu scheren vergessen hatte, und Jesus überlegte, ob die Kunden ihn bloß Lamm Gottes nannten, um seinem Vater heimlich eins auszuwischen. Der reagierte nämlich noch immer ziemlich empfindlich auf Spott. Meist mit einer Sintflut.

Noch so eine Angewohnheit, die Jesus nervte. Warum machte sein Vater alle Jubeljahre die eigene Schöpfung kaputt, obwohl er doch genau wusste, dass er selber es war, der sie danach wieder reparieren musste?

Womöglich sollte Jesus sich doch wieder eine eigene Bleibe suchen. Mit über zweitausend Jahren noch immer zu Hause zu wohnen, das war doch nichts.

Aber wo sollte er hin? Auf der Erde hatte es Jesus schon mal probiert, und man konnte nicht behaupten, dass die Sache gut ausgegangen wäre. Die Leute machten sich noch immer über diese peinliche Kreuzigung lustig, auch wenn langsam Gras über die Sache zu wachsen schien. Das waren doch Jugendsünden, da musste man jetzt nicht immer noch drauf herumreiten, fand Jesus, und rupfte beleidigt an seinem Engel herum.

»Hosianna«, sang der jedes Mal, wenn der Heiland ihm eine Schwungfeder ausrupfte, und schlug seine Harfe.

»Kannst du auch noch was anderes außer Hosianna?«, fragte Jesus genervt, auch wenn der die Antwort natürlich längst kannte.

»Hosianna!«, antwortete der Engel voller Inbrunst. Engel waren wirklich selten dämliche Viecher, und zu allem Überfluss so gut wie unsterblich, wenn man ihnen nicht gerade den Hals umdrehte, was der Heiland allerdings jeden Moment mit seinem Exemplar zu tun gedachte. Außerdem vermehrten sie sich wie die Karnickel, und das erklärte wiederum den eintönigen Speiseplan von Gottvater und Sohn.

Die beiden wussten einfach nicht mehr wohin mit dem ganzen Kroppzeug. Auf jedem Wölkchen, das am Himmel stand, saßen die Englein schon dutzendweise und steckten die Köpfe ins Gefieder. Aber kaum, dass der Herr sein Antlitz strahlen ließ über sie, packten sie ihre Harfen aus und tschilpten Hosianna. Den ganzen gottverdammten Tag, und das seit Anbeginn der Ewigkeit.

Die Engel waren die erste Schöpfung seines Vaters gewesen, eine Art geflügelte Beta-Version des Menschen mit wesentlich weniger Features. Als reine Dekoobjekte geplant, hätten sie sich eigentlich gar nicht vermehren dürfen, weil der Herr sie in seiner unendlichen Weisheit geschlechtslos geschaffen hatte. Das behauptete er jedenfalls steif und fest.

»Von wegen!«, fluchte Jesus und warf seinen Hausschuh nach zwei Engeln, die gerade auf dem Fensterbrett übereinander herfielen. »Hosianna!«, jubelten die beiden und vögelten einfach weiter. Neulich hatte Jesus sogar ein Gelege in seiner alten Kinderkrippe entdeckt und seinen Vater zur Rede gestellt.

»Wenn der Herrgott dir einen Engel schickt, mach Omelette draus«, hatte der Alte bloß gemurmelt und die Pfanne aus dem Schrank geholt. Gut, dass gerade kein Prophet in der Nähe gewesen war und diesen Blödsinn auch noch mitgeschrieben hatte.

Mit Worten hatte es der Alte ohnehin nicht so, fand Jesus. Sein Vater hätte damals doch nicht mal den Nachfolgeband fertig bekommen, wenn Jesus das Ding nicht redigiert hätte, aber statt sich zu bedanken, hatte Gottvater das Neue Testament als »zu gefühlig« verrissen. Zu wenig Listen, hatte er gemeint. Außerdem kamen ihm nicht genug Völker um.

Gottvater mochte es halt, wenn es Pech und Schwefel vom Himmel regnete und ganze Städte in den Fluten versanken. Dabei konnte er immer so gut abschalten.

Ursprünglich hatte Gottvater eine mehrbändige Saga mit Drachen, blutrünstigen Schlachten und einer großen Mauer geplant, die am Ende von tiefgefrorenen Zombies überrannt wurde, aber der Junge hatte bloß die Augen verdreht, als er das Manuskript gelesen hatte.

»So was liest doch heutzutage keiner mehr«, hatte Jesus gewarnt. »Außerdem macht dich dein Hang zum Genozid nicht gerade sympathisch.«

Seit wann war das wichtig, wie man als Gottheit auf die Leute wirkte?, hatte sich der Alte gefragt. Er kannte Kollegen, die liefen in aller Öffentlichkeit mit einem Schakalkopf herum oder verspeisten den Mond, wenn ihnen danach war. Man wurde als Gott halt gefürchtet und fertig. Aber um des lieben Friedens willen, von dem der Junge immer schwafelte, hielt er lieber den Mund.

»Könnten wir nicht wenigstens irgendwen in Gefangenschaft führen?«, hatte er sich dann doch noch erkundigt, aber Jesus hatte gleich abgeblockt.

»Findest du nicht, dass die Juden schon genug mitgemacht haben?«

»Dann nehmen wir diesmal halt die Dänen.«

»Wie kommst du denn jetzt auf die Dänen? Die sind doch als Charaktere noch gar nicht eingeführt.«

»Dann mach es doch selber, wenn du alles besser weißt«, hatte Gottvater gezürnt, war türenknallend abgezogen, und Jesus hatte das Neue Testament vollkommen umgeschrieben.

Natürlich war es ein Welterfolg geworden, aber das konnte der Alte mal wieder nicht gelten lassen.

Bei der Premiere hatte Gottvater nur mürrisch in der Ecke gestanden, eine Ambrosia nach der anderen in sich hineingeschüttet und nur »Kein Kommentar« gesagt, wenn er von Journalisten gefragt wurde, ob sein Sohn viel Autobiografisches verarbeitet hatte.

Auch sonst wurde er langsam wunderlich. Von Allwissenheit konnte längst keine Rede mehr sein. Manchmal vergaß er die alltäglichsten Dinge. Neulich hatte er Jesus gefragt, ob sie nicht mal wieder zusammen über das Wochenende ins Paradies fahren wollten. »Nur du und ich und der Heilige Geist«, hatte er gesagt. »Vielleicht packe ich einen Klumpen Lehm ein und fang noch mal was Neues an.«

»Wie denn?«, hatte Jesus schnippisch geantwortet, weil er als Kind wirklich gern unter dem Baum der Erkenntnis gespielt hatte. »Du hast das Paradies doch kaputt gemacht. Hat dir nicht mehr gefallen, hast du gesagt.«

»So ein Unsinn«, hatte Gottvater nur geantwortet und angestrengt auf das dampfende Engel-Étouffée auf dem Tisch gestarrt.

Er hatte es wirklich komplett vergessen, da war sich Jesus sicher. Wahrscheinlich hätte Jesus seinen Vater längst zum Arzt schleppen sollen, um ihn mal durchchecken zu lassen, aber das ging ja auch nicht, weil er nicht mal Halbgötter neben sich duldete. Und jetzt hatten die Engel auch noch herausbekommen, wie man sich vermehrt.

»Verfluchte Evolution«, schimpfte der Heiland. Möglicherweise war es für sie beide an der Zeit, die Branche zu wechseln. Religion hatte einfach keine Zukunft mehr.

»Ich glaube, ich werde Atheist«, maulte Jesus und putzte

weiter an seinem jubilierenden Engel herum. Seit Jahrhunderten versprach sein Vater, die Viecher auseinanderzuschrauben und den Konstruktionsfehler zu beheben. Irgendwann hatte er sich tatsächlich in seinem Schuppen eingeschlossen und tagelang an einem der Biester herumgedengelt, bloß um mit einem etwas stämmigeren Exemplar zu erscheinen, das er als Prototyp einer neuen Fleischrasse mit wesentlich größerem Ertrag ausgegeben hatte.

Das war im Barock gewesen, und seitdem gab es jeden Tag Engel. Putte süßsauer, Engel Müllerin, Angel Wings, Ange au Vin, Engel im Schlafrock oder falschen Engel, der aber auch zu hundert Prozent aus richtigem Engel bestand, bloß über den Wolf gedreht und mit einem hart gekochten Ei in der Mitte. Nur verlorenen Engel gab es nie, da machte Luzifer nicht mit.

»Hosianna!«, jubelte der gerupfte Suppenengel, als Jesus ihn in den Topf warf und mit Gold, Weihrauch und Myrrhe abschmeckte.

Als göttliche Wesen hätten sie eigentlich überhaupt keine Nahrung gebraucht, aber Gottvater bestand auf diesen gemeinsamen Mahlzeiten. Das hatte er in einem Ratgeber für alleinerziehende Götter gelesen. Denn obwohl Jesus nicht zur Gewalttätigkeit neigte, hatte Gottvater doch ein wenig Angst, dass es ihm erging wie seinen Vorfahren, die allesamt von ihrem Nachwuchs aus dem Weg geräumt worden waren. Außerdem hatte er noch immer ein schlechtes Gewissen, weil die Beziehung mit Jesus' Mutter damals in die Brüche gegangen war.

»Na, Sohn!«, brummte er möglichst freundlich und schob sich schnaufend durch die Küchentür. Gottvater steckte wie immer in seinem alten Blaumann, der auch mal wieder dringend gewaschen werden musste. Da klebte ja immer noch Schöpfung drauf, erkannte Jesus.

»Tach, Vatter«, erwiderte Jesus und erkundigte sich, was sein Vater heute so getrieben hatte. Doch der grunzte bloß und zuckte mit den Achseln. Die Frage war wirklich überflüssig, fand der Alte, denn wenn ihm heute zufällig ein neues Universum gelungen wäre, dann hätte man ja wohl den Knall gehört. Aber ihm fiel einfach nichts mehr ein. Das wusste er selber, da brauchte er nicht seinen Sohn, damit der ihn täglich daran erinnerte. Außerdem hockte Jesus doch selbst bloß in der Küche herum und weckte Engel ein, statt mit dem Satan zu ringen. Der Junge hatte einfach keinen Schneid.

Ich hätte ihn nie bei seiner Mutter aufwachsen lassen sollen, dachte Gottvater grimmig, die hat ihn doch erst so verzärtelt. Da guckte er einmal nicht hin, schon ließ der Bub sich von den eigenen Geschöpfen kreuzigen. Im Alten Testament hätten die sich das nicht getraut. Da hätte es rechts und links eine Sintflut gesetzt, und die Sache wäre erledigt gewesen. Aber nein, der feine Herr Sohn musste ja unbedingt auch noch die andere Wange hinhalten.

»Und was hast du heute so gemacht?«, fragte Gottvater zurück, weil er in seinem Ratgeber gelesen hatte, dass Gespräche zwischen Vater und Sohn wichtig waren. Er versuchte, dabei gleichmütig zu klingen. Es gelang ihm nicht.

»Suppe«, antwortete Jesus eisig und deutete auf den Herd.

»Ich dachte, heute gibt es Puttenschnitzel«, maulte Gott enttäuscht, schlurfte zum Kühlschrank und kratzte sich dabei ausgiebig am Hintern.

Wenn er jetzt mit derselben Hand in den Kühlschrank langt, dann raste ich aus, dachte Jesus, aber da war es schon zu spät. Denn Gottvater hielt ihm schon die entsprechende

Pranke unter die Nase, aus der nun auch noch ein angebissener Schenkel ragte.

»Willste auch einen?«, fragte er kauend.

Jesus schüttelte den Kopf, aber auf eine Art, die Gott schier wahnsinnig machte. Maria hatte auch immer so mit dem Kopf geschüttelt, dass man nicht wusste, woran man war. Was nützte es allwissend zu sein, wenn man nicht mal die eigene Frau verstand. Da hatte man diesem Weib die Welt zu Füßen gelegt, und dann war es mit dem erstbesten Schreiner durchgebrannt. Kein Wunder, dass der Junge so verkorkst war.

»Hast du irgendwas?«, fragte Gottvater unsicher. Er hasste es, wenn er unsicher wurde, das war überhaupt nicht gottgefällig.

»Jetzt setz dich halt hin und iss«, sagte Jesus und füllte seinem Vater Suppe auf den Teller.

Auch das Auffüllen war ein einziger Vorwurf, merkte Gott. Mit dieser passiv-aggressiven Art kam er überhaupt nicht klar. Sein Prophet Hiob war genauso gewesen. Den hatte er mit Geschwüren und allem möglichen Zeug schlagen müssen, bis er endlich das Maul aufgemacht hatte. Aber bei seinem Sohn traute Gott sich nicht recht. Am Ende ließ der sich wieder von dahergelaufenen Römern martern, gab seinem Vater die Schuld und schrieb anschließend ein Buch drüber.

»Schmeckt lecker, was ist da drin?«, fragte Gott betont höflich und wies auf die Suppe. Das schien ihm eigentlich eine unverfängliche Frage, aber der Junge plusterte sich gleich wieder auf. Was hatte er denn jetzt schon wieder falsch gemacht?

Jesus ließ den Löffel sinken. Das hatte sein Vater jetzt nicht im Ernst gefragt.

»Was zum Teufel soll da schon groß drin sein?«, brüllte er. »Ich kann dir sagen, was da drin ist. Dasselbe, was wir jeden Tag fressen müssen, weil gewisse Herrschaften unter Burnout leiden und nichts mehr erschaffen können, was sie aber nicht zugeben wollen, weil sie ja so wahnsinnig allmächtig sind.«

Jesus war plötzlich so wütend wie damals, als er im Garten Gethsemane ausgerechnet von seinem Lieblingsjünger verarscht worden war. Er sprang auf und stieß dabei versehentlich den Suppentopf um, dessen Inhalt den Vorgang mit einem enervierend fröhlichen »Hosianna« kommentierte. Sofort fielen alle anderen Himmelsboten ein, sodass Gottvater bald vor lauter himmlischen Chören kaum ein Wort verstand, was vermutlich auch besser war.

Denn er fühlte auch so gewissen Ingrimm wider seinen eingeborenen Sohn in sich wachsen und begann, ganz langsam von unendlich herunterzuzählen, weil das in seinem Erziehungsratgeber als Beruhigungsübung empfohlen wurde. Aber es half nicht, denn bekanntermaßen stammt Gott von einer langen Reihe rachsüchtiger und leicht erregbarer Wesen ab, die schon aus Sicherheitsgründen in einem weit abgelegenen Olymp interniert worden waren.

Dem Herrn schwoll also der Kamm, ging die Düse, explodierte der Kessel, während die Pferde derart mit ihm durchgingen, dass sich nicht einmal die apokalyptischen Reiter im Sattel halten konnten. Die Engel flatterten aufgeregt herum und tschilpten wie verrückt, die Sonne verfinsterte sich, und unter der Weltenesche regte sich schon verschlafen die Midgardschlange, dabei hatte der Herrgott sich bislang bloß geräuspert.

Was bildete sich dieser Hänfling eigentlich ein? Als Gottessohn hatte man doch dankbar zu sein, von seinem Vater einen mittelständische Betrieb im Religionsgewerbe zu erben, der alles in allem noch immer recht gut lief und nach Steuern sogar Gewinn abwarf. Natürlich hatte er hier und da die Dinge etwas schleifen lassen, aber das kam vor, wenn man so lange im Geschäft war wie er. Ohnehin war er die ewigen Wartungsarbeiten leid, und Gebete hatten ihn schon immer gelangweilt.

Immerhin verstand sich Gottvater als Künstler und nicht als Hausmeister. Außerdem hatte er bei der Durchsicht alter Blaupausen bemerkt, dass ihm die alten Entwürfe wesentlich besser gefallen hatten.

Vielleicht hatte der Junge ja recht, dachte er plötzlich, und für einen Moment stand das gesamte Universum still. Einen derart ketzerischen Gedanken hatte Gott noch nie gewagt, denn Rechthaben war stets Kernkompetenz und Chefsache gewesen. Das konnte man nicht delegieren. Dann hatten am Ende womöglich noch diese Atheisten recht, die behaupteten, er sei eine bloße Einbildung. Trotzdem zerplatzte der Zorn Gottes wie eine Schwefelblase in der Ursuppe, denn er fühlte sich plötzlich fett, alt und nutzlos.

Vielleicht war es tatsächlich an der Zeit kürzerzutreten. Sollte sich der Junior doch mit der Welt herumplagen. Er würde erst mal ein Sabbatjahr einlegen und dann weitersehen.

»Dinosaurier«, murmelte er. »Das wär doch mal wieder was.«

»Die hast du mit Meteoriten kaputt geschmissen, weil sie dir in die Rabatten geschissen haben«, bemerkte Jesus spitz. Dabei war er nur neidisch, weil sein Vater immer diesen Glanz in den Augen bekam, wenn er von den wilden alten Zeiten erzählte. Was hatte Jesus als Kind gebettelt, mal ein paar Kracher auf die Welt werfen oder wenigstens eine kleine Sintflut auslösen zu dürfen, aber immer hatte es geheißen: »Mit der Schöpfung spielt man nicht. Das ist Vatis Arbeit, und jetzt sei schön ruhig und lern Aramäisch, damit du ein feiner Heiland wirst, wenn du groß bist.«

Das mit den Dinosauriern war lustig gewesen, erinnerte sich dagegen Gottvater, der an diesem Abend ein paar trinkfeste Titanen zu Gast gehabt hatte, und am Ende hatten sie halt Völkerball mit Dinosauriern gespielt, weil es noch keine richtigen Völker gab, die man hätte abwerfen können.

Was soll's, hatte Gottvater am nächsten Morgen gedacht, wenn die eine Spezies versehentlich zu Bruch ging, machte man am nächsten Tag eben eine neue. Damals erschien ihm das Universum sehr groß und die Möglichkeiten unendlich.

Plötzlich fielen Gott sämtliche Projekte ein, die er angefangen, aber nie vollendet hatte. Da waren doch ganz brauchbare Ideen dabei, fand er: eine Weltkugel, die im Inneren aus Eis bestehen oder hohl sein könnte, eine flache Weltscheibe, die man wie ein Frisbee herumwerfen konnte, eine rechteckige Welt mit vier magnetischen Polen und einem Raum-Zeit-Kontinuum, bei dem einem schon vom Zugucken schwindelig wurde. Von den Geschöpfen mal ganz abgesehen. Warum um Himmels willen hatte er sich so lange mit diesen langweiligen Menschen beschäftigt, wenn er auch hochintelligente Pilzwesen mit telepathischen Fähigkeiten machen oder sich einfach ein paar neue Dimensionen ausdenken konnte.

Wann war er bloß so langweilig und spießig geworden?, fragte sich Gott plötzlich, aber natürlich war es ihm damals vernünftig erschienen, die omnibusgroßen Monster auszurotten, bevor man einen Dreikäsehoch wie Jesus unbeaufsichtigt durch die Schöpfung stromern ließ.

»Ich dachte, die Dinosaurier würden dir Angst einjagen. Außerdem hatten sie keine Kindersicherung«, sagte Gottvater schließlich.

»Ich hatte mir so sehr einen zum Geburtstag gewünscht«, antwortete Jesus trotzig und ärgerte sich, weil er wie ein beleidigtes Kleinkind klang. »Und was hab ich bekommen? Drei Könige und ein Gratiswochenende in einem Stall. Na, besten Dank auch.«

Gottvater schwieg betreten. Das war tatsächlich ein Verlegenheitsgeschenk gewesen, weil er damals mitten in der Trennungsphase gesteckt und Maria sich allzu prächtige Geschenke verbeten hatte, um Josefs Gefühle nicht zu verletzen, der ja bloß Schreiner war. Aber dafür konnte das Kind ja nichts.

»Ich hab dir immerhin einen Stern gebastelt«, antwortete Gottvater verlegen, denn Jesus hatte recht. Wahrscheinlich hätte ihn die Menschheit um einiges respektvoller behandelt, wenn er seinem Sohn wenigstens einen T. Rex mit auf die Welt gegeben hätte.

»Na gut«, brummte Gottvater schließlich. »Irgendwo hab ich die Baupläne ja noch herumliegen. Wenn du willst, schenk ich dir so ein Vieh zur nächsten Auferstehung. Wo soll ich es hinstellen?«

Jesus betrachtete lange die Weltkugel, die ahnungslos durch das Universum eierte. Dann streckte er den Finger aus. »Tokio«, sagte er schließlich. »Da war ich noch nie.«

Gottvater aber verschwand in seinem Schuppen und kehrte einige Tage später mit einem ungestalten Klumpen Lehm zurück, der trotz all seiner Bemühungen bloß recht vage an eine Echse erinnerte. Trotzdem schien sein Vater derart stolz auf das Werk, dass Jesus lieber den Mund hielt.

Gemeinsam hauchten sie dem Geschöpf Leben ein, leerten zur Auferstehungsfeier ein paar Fässer Ambrosia und lachten sich kaputt, als das Vieh halb Japan in Schutt und Asche legte.

Das ist immerhin ein Anfang, dachte Jesus, als er an diesem Abend die Sonne ausknipste und zu Bett ging, doch als er am nächsten Mittag mit dröhnendem Schädel aufstand, fand er seinen Vater schnarchend auf dem Sofa. Neben ihm lag das sauber abgenagte Gerippe seines Auferstehungsgeschenks.

Es war hoffnungslos mit dem Alten, erkannte Jesus, früher oder später würde er ihn ins Heim geben müssen.